# 平靜寧和 就在 每一刻

自我疼惜的力量，
為你創造心理的庇護區，
無論發生什麼事
都能愛自己、接納自己

一行禪師弟子、美國知名心理師
提姆‧德斯蒙德 著
TIM DESMOND

溫澤元 譯

THE SELF-COMPASSION SKILLS WORKBOOK:
A 14-DAY PLAN TO TRANSFORM YOUR RELATIONSHIP WITH YOURSELF

# 目次
## CONTENTS

前言
**最深層的平靜，是自己能疼愛自己**.................................007

## PART I
### 此刻，就是善待自己的起點

Chapter 1
### 我們，要當第一個對自己溫暖的人

走過孤獨與憤怒，我是這樣好起來的 .................................015

你內在的聲音，是無情還是溫柔的？.................................016

自尊、自我疼惜，傻傻分不清？ .................................020

小心！別讓「疼愛自己」變成毒雞湯 .................................023

無論內心多傷痕累累，都能給自己最溫暖的呵護 ...........026

**Chapter 2**

## 自我疼惜時，大腦發生什麼事？

僧侶、大腦與驚人發現......................029

疼愛自己腦科學 ......................031


**Chapter 3**

## 即使不夠完美，仍要珍惜這樣的自己

「不批判自己，就會失去成長的動力」，真的嗎？ ........036

內心受傷時，更需要這樣療心......................041

忘不掉的傷痛，要如何好起來？ ......................047

自我疼惜就是對自己溫柔，連同自己不夠好的................053

# PART II
## 踏上自我疼惜之旅，迎接更美好的自己

**Chapter 4**

## 疼惜自我，你準備好了嗎？

如何運用自我疼惜路線圖，來療癒自己？ ................064

在這場內在冒險開始前，請注意⋯⋯ ................065

萬一練習時感到不堪負荷，怎麼辦？ ................066

平衡，很重要：當一個有覺知力的練習者 ................067

用這份測驗，來衡量你的進展................069

親自用手寫，紀錄你每天的成長與轉變 ⋯⋯⋯⋯⋯072

**Chapter 5**

# 8大實踐方法，成就美好身心

練習1：自我疼惜身體掃描 ⋯⋯⋯⋯076

練習2：自我接納⋯⋯⋯⋯⋯⋯⋯⋯⋯081

練習3：擁抱痛苦⋯⋯⋯⋯⋯⋯⋯⋯⋯095

練習4：治癒過去的傷痛⋯⋯⋯⋯⋯⋯105

練習5：深入探索⋯⋯⋯⋯⋯⋯⋯⋯⋯113

練習6：難以建立自我疼惜時 ⋯⋯⋯⋯127

練習7：自然的自我疼惜⋯⋯⋯⋯⋯⋯144

練習8：培養喜悅⋯⋯⋯⋯⋯⋯⋯⋯⋯156

# PART III
## 讓未來每一天，都寧靜而幸福

**Chapter 6**

# 一步步練習，平靜寧和就在每一刻

疼惜自己，是必須堅持的 ⋯⋯⋯⋯⋯⋯⋯175

4大自我習練方法，從現在開始溫柔待己⋯⋯176

自我疼惜一點也不自私，因為⋯⋯⋯ ⋯⋯⋯181

**Chapter 7**

# 從最簡單的小事開始，讓日子越過越輕鬆

批判？友善？凶巴巴？你對自己怎麼說話？ ..................187

打造你的快樂生活提案..................191

**Chapter 8**

# 為關係，注入更多美好和幸福

「批評」與「要求」，是有毒的 ...............198

治癒人我關係，從「你」開始................199

看見自己的美好，看到他人的美好 ............202

你能給予世界的最棒贈禮 ...............206

Reflection Journal
## 反思筆記..................208

練習日記
## 第15天之後..................210

Acknowledgments
## 致謝..................215

Notes
## 注釋..................217

# 最深層的平靜，
# 是自己能疼愛自己

短短 14 天的自我疼惜（self-compassion）練習，就能替你的大腦、心靈與行為帶來顯著、明確具體的變化。本書提供的方法，都經過嚴謹的隨機對照試驗（類似製藥公司測試新藥的方式）。而科學家更指出：只需要每天 30 分鐘，並且持續 14 天，就能帶來長久、真正的改變。[1]

本書第一部分會先幫大家做好準備，首先解釋何謂自我疼惜、為什麼這項概念很重要，同時也闡述自我疼惜在各種情況下的體現。理解自我疼惜的概念後，大家就能開始實際練習。

第二部分是練習指南，也就是培養自我疼惜的實際訓練。而我建議大家，每天練習 30 分鐘，連續 14 天。14 天後，你很有可能會發現自己的情緒更平穩，也更

能和自己自在相處。你會覺得自己更容易喜悅，恐懼和焦慮消散的速度也更快。親身體驗過自我疼惜訓練的好處之後，大家可能會想要繼續、長久練習下去。

如果沒辦法每天練習30分鐘，或無法堅持14天每天練習，那就盡你所能吧！練習5分鐘總比完全不練習還要好。

每一個訓練單元都會搭配「自我疼惜路徑圖」進行，我也會在第四章深入講解「自我疼惜路徑圖」。每次練習都會從路徑圖的頂端開始，這個圖表會根據你的感受以及你對每項練習的反應，來引導你選擇最適合的練習。

進行特定練習時出現困難，是非常正常的。這不是問題，反而是這本練習手冊如此編排的原因。如果你在某項練習中遇到困難，可以跳到該部分的結尾，我會在結尾段落具體告訴大家下一步該怎麼做。

我們都知道，學習任何技能，都是熟能生巧。例如，想學會彈琴，就必須投入一定的時間與精力去排練。這本練習手冊如同自學鋼琴的教科書，也會要求大家實際演練第二部分的練習題，這樣才能獲得最大效益。如果能穩紮穩打、勤加練習，就能得到更多收穫。

每天練習30分鐘並堅持14天，這是科學研究的建議。如果沒辦法堅持30分鐘，盡力而為就好。

第三部分是在探討如何將自我疼惜應用到日常生活的各個面向。透過這個章節，我希望鼓勵大家用這些方法提升身心健康、找到更平靜快樂的生活方式，並且造福他人。

希望這本練習手冊對大家的生活有所幫助。話說回來，不一樣的練習在不同時間點適用於不同人。如果你在這裡讀到的東西不適合你，請不要糾結，去尋找其他方法吧。你可能會發現下一種方法對你更有幫助。道理相同，昨天覺得壓力特別大的練習，幾天後可能會變得很輕鬆。敞開心胸嘗試，你絕對能找到對自己有益的練習法。

# PART
# I

## 此刻，
## 就是善待自己的起點

01　我們，要當第一個對自己溫暖的人

02　自我疼惜時，大腦發生什麼事？

03　即使不夠完美，仍要珍惜這樣的自己

Chapter 1

# 我們，
# 要當第一個對自己溫暖的人

我們能直接從字面上,來理解「自我疼惜」的概念。這代表要關懷、愛護自己。生活一帆風順時,我們能給自己鼓勵、好好享受;生活困頓艱難時,則要善待、包容自己。

人生中的許多痛苦,都來自於我們對自己以及他人加諸的批評。我們感覺與他人疏離,感到羞愧和孤獨。也許我們能明確指出,發生在自己身上的某些可怕事件;或許從我們有記憶以來,就一直感到焦慮和沮喪。我們可能覺得生活不該是現在這個樣子,或者認為唯有擺脫我們認為自己有的問題,才有可能成為值得被愛的人。

另一方面,我們也有可能在真心誠意做自己的時候,覺得被愛、被接納、得到欣賞。在內心深處,我們明白自己是沒問題的,知道自己其實很棒。在內心的某個角落有一個睿智的聲音,那個聲音表示我們是美麗且獨特的存在。我們可以學會聆聽並相信那個聲音。

這正是所謂的自我疼惜。自我疼惜就是去體認到,無論生活中碰到什麼狀況,我們都是可愛、值得愛的。生活順遂時,自我疼惜會讓我們感受到快樂和喜悅;遭受痛苦或經歷任何形式的磨難時,自我疼惜會成為我們

心中良善且給予鼓勵的聲音，幫助我們找到美好和意義。

## 走過孤獨與憤怒，我是這樣好起來的

我在波士頓市中心與周邊郊區長大，家中單親，母親慣性酗酒。我們家經濟拮据，我10幾歲的時候，甚至有一年夏天無家可歸。上大學時，我內心懷抱著無比憤怒、悲傷和孤獨。

剛好在讀大學的時候，越南佛教老師一行禪師讓我接觸到自我疼惜的練習。我立刻發現這正是我生命中缺少的東西。沉浸在這些練習中的我，體驗到前所未有的沉靜、喜悅和自由。

自我疼惜徹底改變我的生活。過去的我承受著巨大痛苦，還會自傷自殘。但如今，我總算能夠體會寧靜安詳，並得以享受和諧與親密的人際關係。

這是如何達成的？自我疼惜並不是一面神奇的盾牌，無法保護我們免受壞事厄運的侵擾，也不會幫我們徹底隔絕悲傷。面對生活中無可迴避的壞事，自我疼惜

能讓我們妥善照顧自己。焦慮、沮喪和孤獨依然會出現，但自我疼惜能讓我們不深陷其中。我們能像母親抱著新生兒一樣擁抱自己的痛苦，然後很快好起來。

在人生中，我學到真正的內在平靜與自由，是代表無論發生什麼事都能愛自己、接納自己。透過科學研究與自身經驗，我知道不管身上背負多少痛苦與負面情緒，都還是有可能發展出自我疼惜。這本練習指南具備所有初學者所需的基礎知識。

我之所以決定成為心理治療師，是因為我想與他人分享這些對我生命非常有益的東西，尤其是那些經歷過情感痛苦的人。我希望大家能像我一樣從這些練習中受益。

## 你內在的聲音，是無情還是溫柔的？

以下練習能協助大家了解自我疼惜與其他心態的區別。

## 生活順遂時……

閱讀以下陳述，請注意哪些陳述特別引起你的共鳴、將它們圈起來。這些都是人在生活順遂時，可能出現的態度。

| 自我批判（範例如下） | 自我疼惜（範例如下） |
|---|---|
| • 我不值得擁有這些。 | • 我跟大家一樣，值得享有好事。 |
| • 這代表壞事就要發生了。 | • 我不知道未來會發生什麼，但我很開心現在有好事發生。 |
| • 大家會發現我是個騙子。 | • 如果大家真的理解我，他們會喜歡我的。 |
| • 看到我快樂，其他人會討厭我。 | • 如果有人會嫉妒我，那是因為他們還沒學會辨識自己生命中美善的事物。 |

　　生活順遂時，自我疼惜能讓人享受生活而不感到內疚。我們知道生命中的美好事物是自己應得的，但並不是因為我們比別人優秀，只是因為這是生而為人、理所應當的事。我們不必汲汲營營，才有資格得到關愛，而是打從心底知道，這就是人類與生俱來的基本價值。

## 生活艱難時……

閱讀以下陳述時，請注意哪些陳述特別引起你的共鳴、將它們圈起來。這些都是人在生活困難時，可能出現的態度。

| 自我批判（範例如下） | 自我疼惜（範例如下） |
|---|---|
| • 我注定要受苦。 | • 我知道大家多少都會受苦。受苦的時候，我們需要愛跟支持。 |
| • 會發生這種事，是因為我很失敗（或因為我是爛人）。 | • 生活艱困時，我能從中學習並成長。 |
| • 我這麼笨或無能，所以無能處理這件事。 | • 無論擁有多少美德，每個人都會經歷不愉快、痛苦的事。 |
| • 我的人生只有痛苦跟失落。 | • 不管我做什麼，人生就是會出現困難的狀況。不過，生命中也有絕對不能錯過的美妙事物。 |

　　面對生活中的挑戰，自我疼惜格外重要。尤其在陷入困境，感到恐懼、沮喪、憤怒和孤獨的時候，最需要的是理解和愛。問題在於，當我們需要他人的時候，別人未必永遠在我們身邊。而且即便有強大的支持系統，

許多人依然難以敞開心扉去接受他人的愛。

然而，如果能在內心深處，發展出深刻的理解與慈悲，當我們需要時，它們就會一直存在。這些心態能讓我們更強大、更堅韌，心靈更加平和。而且，只要願意實踐練習，任何人都能做到這點。

案例
分享　**你可以，不再為孤獨而憂**

賈爾德從小就與孤獨相伴。他在交友方面一直碰到困難，覺得自己和學校裡的其他小孩不一樣。

成年後，他的生活有了很大改善，同事似乎都很喜歡他，他也跟一位很棒的女性建立穩固的伴侶關係。儘管如此，他依然飽受孤獨感折磨，完全無法壓抑的孤獨感讓他覺得，自己幾乎罹患憂鬱症了。他感覺自己是個冒牌者，害怕所有人會看穿他的行為並唾棄他。

賈爾德在一次冥想靜修中，透過以下練習認識自我疼惜。他把手放在胸口，告訴自己：「你會覺得孤獨是有原因的。在你生命的大部分時間，你都

是孤獨的。但這不是你的錯。你出生在一個糟糕的環境，沒有得到需要的支持。然而，你一直都值得被愛。在你成年後的生活中，其他人都有看到這點。」

他深刻體會這項練習的效用，幾乎每天都會花時間疼惜自己。他發現每當孤獨感湧現，15分鐘的自我疼惜練習就能協助他找回平衡。

## 自尊、自我疼惜，傻傻分不清？

我們都知道**自卑**是件壞事，幾乎所有心理健康問題都與自卑有關。但並不是每個人都知道，其實**自尊心太強**也會造成問題。

自尊代表用積極正向的方式來判斷或評價自己。你認為自己是個好人，而你也認同自己的優點。但研究顯示，對大多數人來說，「認為自己是好人」幾乎等同於「覺得自己比別人強」。

這就是過度強調自尊的最大問題。一旦得自認比別人強才能擁有高自尊，我們就更容易批評別人、更害怕

別人看見自己的弱點。接收到負面意見時，我們會變得爭強好勝，同時也更容易受傷。

另一方面，當你具備自我疼惜的心態，就不會在意自己到底比別人好、比別人差，還是跟別人一樣。自我疼惜單純意味著無論發生什麼事，都要以善意和寬容的態度與自己相處。

一旦能以自我疼惜的心態來對待自己，就沒有必要去貶低別人。我們不會害怕偶爾失敗，因為我們能將挫折視為寶貴的學習機會，而不是對自我價值的威脅。實際上，研究員也發現，自我疼惜能增強動力，激勵自己成功，因為我們不再擔心犯錯。我們不需要為了被愛而變得完美。

---

**案例分享**

## 跟完美主義說 bye bye

凱倫是一位記者，在全球數一數二的報社工作。她聰明勤奮，但很少微笑。凱倫向心理師坦承自己常有強烈的不安全感、內心感到空虛。她每週工作80小時以上，她說只要一請假，就會開始覺

得沮喪。

　　凱倫的心理師決定與她一起培養更多自我疼惜。她請凱倫談談最近生活中一件不如意的事。凱倫說昨天編輯寫信給她，問她有沒有新的文章或提案能提交，這讓她感覺很差。她手上沒有東西可以拿出來，她說自己非常恐慌。內心的聲音說：「妳怎麼了？一點能力都沒有了嗎？趕快生一篇故事出來，好好寫！不要像個巨嬰一樣！」講述這段經歷時，凱倫表情十分緊繃。

　　凱倫的心理師帶著她完成本書第二部分的自我疼惜路線圖。在這段過程中，凱倫意識到自己是在利用自我批判來激勵自己成功。但是這種自我批判已經強烈到讓她不堪負荷。她想像自己正在閱讀編輯發來的郵件，努力對自己說：「親愛的凱倫，我知道妳擔心失敗。這其實沒關係。每個人都有害怕的時候。我也知道妳想寫出好故事，這種心態很棒。但妳要因為自己想動筆，才去寫一篇優秀的報導故事，而不是怕自己如果不寫就一文不值。無論如何，我都愛妳。」

　　雖然花了一點時間，但凱倫總算能將內在對話

轉化為自我鼓勵與支持，她發現自己的生產力比以前更高，而最主要是因為她現在有辦法放鬆了。

# 小心！別讓「疼愛自己」變成毒雞湯

自我疼惜是壞事嗎？簡單回答，**不是**。

仔細來說，很多人認為自己有在實踐自我疼惜，但實際上他們所做的是截然不同的事。真正的自我疼惜絕對是有幫助的，但如果只是打著「疼愛自己」的名義，恐怕會造成負面影響。以下是幾種「假的」自我疼惜：

一、**自我放縱**：在字典裡面，自我放縱的定義是「過度或無節制滿足自己的胃口、欲望或奇思妙想」，這代表不願投入精力對自己或世界做出有意義的改變。但與外界隔絕，不努力充實自己，也不願改善眼前情況，這與真正的自我疼惜是完全抵觸的。雖然說自我疼惜代表你理解自己現在的樣子是可愛的，但你還是體認到自己必須透過成長來改善生活。具備自我疼惜心態時，你**不見得要改變**，但你**樂見成長**。成長往往需要付

出努力（不過在你最需要的時候，成長也代表讓自己休息、**放鬆做自己**）。相較之下，主張自我放縱，會讓人誤以為「如果承認自己還有許多要學習的地方，就代表我們無法接受現在的自己」。另一方面，懂得自我疼惜的人，會理解到自己有更多東西要學，知道學習和成長是生命的根本要素。

二、**自憐**：自憐的定義是「對自己的煩惱感到過度、自我陶醉的憂愁」。這代表你認為自己是弱者、沒有能力改善自身處境。自憐這個詞意指你在面對人生時是處於**被動狀態**、是各種境況的受害者，且無法對人生境遇有所作為。這與自我疼惜不同。懂得自我疼惜的人會意識到，自己有能力做出偉大的事。就像每個人一樣，你也有優點和缺點。只要你願意，就能發展出新的優點。你不一定要在各方面都很強才值得被愛。畢竟，愛自己的一環，就是要認清自己的能力所在。

三、**消極被動**：心懷慈悲與疼惜，自然會帶出行動。例如，如果看到寶寶餓了，我們不會只是同情他的飢餓。我們會採取行動，餵寶寶吃東西。雖然自我疼惜有時只是態度上的改變，但真正的慈悲與疼惜包含減輕自己或他人痛苦的願望。這可能就需要我們在生活的某

些面向上做出具體改變。

　　四、**自我中心**：認為自己比別人強，或者過度關注自己的需求而忽略別人的需要，這都不是自我疼惜。如前所述，練習自我疼惜時，我們不會拿自己與他人比較。你重視每個人的健全與快樂。當然，這不代表當你重視或優先考慮自己的需求時，就是自負。事實上，真正的自我疼惜會強化、而非削弱你對他人的慈悲。

---

案例
分享　**發揮想像力，不讓焦慮感造成內耗**

　　珍妮佛在高速公路上開車時，旁邊的汽車試圖變換車道，結果撞上她的車。她的車撞上護欄，車體全毀。幸運的是，她只受了輕傷，身體的傷也在一個月後恢復。但一年多之後，珍妮佛還是有創傷後壓力症候群的症狀。她盡可能避免開車，一旦必須開車，她就會焦慮不安。

　　她開始與一位熟悉「自我疼惜路線圖」的心理師合作，心理師引導她想像一位能夠完全愛她並接納她的人。珍妮佛選擇她祖母（已去世多年），並

想像祖母說：「願妳快樂，願妳健康，願妳平安，願妳得到許多愛。」想像幾分鐘後，珍妮佛說她感到前所未有的平靜。每次她要開車或感到焦慮時，就開始運用這套練習，幾個月後，她又有自信開車上路了。

## 無論內心多傷痕累累，都能給自己最溫暖的呵護

無論你在生活中遇到什麼挑戰，是創傷、人際關係問題也好，自我批判還是焦慮也罷，自我疼惜都能協助你。自我疼惜就像一位充滿愛、給予扶持的朋友，一直陪伴著你，並且傾聽、理解你，幫助你找到新的觀點。自我疼惜能讓你找到調節情緒、恢復韌性的內在泉源，讓你能夠更全然享受生命中的美好當下。

Chapter 2

# 自我疼惜時，
# 大腦發生什麼事？

**發展任何新技能的第一步，是要相信自己有能力做到**。好消息是，每一位研究慈悲與自我疼惜的建立的科學家都指出，**任何人**都有辦法發展出自我疼惜。無論你有多自責、憤怒或絕望，都**有可能**做到。

　　而培養新技能的第二步是要有足夠的動力去實踐。事實上，養成自我疼惜的一大關鍵是練習的意願。大家都曉得，如果想學習新語言或學會彈奏樂器，練習是必不可少的。發展自我疼惜也是如此。如果你願意投入時間和精力來練習「自我疼惜路線圖」（本練習手冊的第二部分），我保證大家會紮實感受到訓練帶來的益處。

---

### 我真的有辦法做到自我疼惜嗎？

閱讀下頁左側欄位中的陳述（恐懼），想想這些陳述有多符合你的心境，然後給出0到10的分數。然後再閱讀三次右側欄位中的陳述（現實），評估那些話的真實性，一樣給出0到10的分數。本練習的目的，是協助你強化培養自我疼惜的信心。

---

| 恐懼 | 0-10 | 現實 | 0-10 |
|---|---|---|---|
| 「我就是這樣。要我改變，早就來不及了。」 | | 在一生中，我們都有辦法學習新技能、培養新的長處。 | |
| 「我大腦中的化學物質失衡了，這我也沒辦法。」 | | 科學已證實自我疼惜訓練，能改變大腦的化學平衡。 | |
| 「我什麼都試過了，沒有任何方法能協助我。」 | | 我們或許已經試過很多方法，但未必真的窮盡所有方法了。 | |
| 「我不值得得到疼惜或慈悲。」 | | 身而為人，我們**絕對值得**慈悲與疼惜。 | |

# 僧侶、大腦與驚人發現

世界頂尖的神經科學家理查・戴維森博士（Dr. Richard Davidson），曾經研究過疼惜／慈悲訓練對大腦造成的影響。他的結論是，任何人都能培養出更強大的慈悲心與自我疼惜，但這需要靠練習來達成。稍加練

習就有辦法養成一點自我疼惜;假如經常訓練,就能發展出更多。

　　根據戴維森的研究,如果我們潛心練習,能培養出的慈悲心與自我疼惜是無可限量的。實際上,他研究接受數十年密集疼惜╱慈悲訓練的佛教僧侶,發現這些僧侶已發展出超越多數人所能想像的內心平靜與自由。換言之,練習的效用是沒有上限的。如果你願意投入時間操作自我疼惜路線圖中的練習,就有辦法改變自己的人生。

　　所有人類(事實上,所有哺乳類動物)的大腦中都有「關愛迴路」(Care Circuit)。只要感受到溫暖與關愛,大腦迴路就會活躍起來。如果能替大腦迴路拍一張詳細的照片,我們就能觀察到這個迴路的存在。而「關愛迴路」會釋放催產素(也有「愛的荷爾蒙」之稱)和天然嗎啡,讓你有一種溫暖舒服的感覺。

　　開始進行自我疼惜訓練時,「關愛迴路」就是你最好的朋友。你會學到各種能啟動、強化、運用關愛迴路的方法,用這個迴路來調節情緒,並對自己更加友善。

　　培養自我疼惜並不難,而我們的目的是要強化大腦中的關愛迴路,並學會在需要時啟動它。

# 疼愛自己腦科學

以下是關於自我疼惜的八大科學發現：

一、我們大腦中有一個特殊的迴路，科學家稱之為關愛迴路，這能創造出慈悲、溫暖與愛的感受。[1]

二、自我疼惜訓練能強化關愛迴路，就像鍛鍊肌肉一樣。[2]

三、只要有足夠的疼惜／慈悲訓練，你的「關愛迴路」就能有實質的增長，而這種增長是能透過大腦掃描來觀察的。[3]

四、關愛迴路是大腦中創造快樂與健全感的主要情感迴路之一。[4]

五、透過自我疼惜訓練來啟動關愛迴路，能減少各種形式的情緒困擾，包含焦慮、憂鬱與憤怒。[5]

六、連續14天，每天30分鐘的自我疼惜訓練，能讓大腦產生顯著變化，促成更多利社會與利他行為。[6]

七、為期8週的疼惜／慈悲訓練，能讓你的心態與性格明顯變得更積極正向。[7]

八、根據科學家紀錄，接受過密集疼惜／慈悲訓練

的佛教僧侶，大腦中跟快樂等正面情緒有關的腦區活動，是文獻紀錄中最強烈的。[8]

案例
分享　**從火爆少女，到世界上最有愛的人**

　　瑪格麗特在 1950 年代、西維吉尼亞州的一座貧窮煤礦小鎮長大。那是一個艱困的環境，她在學會騎單車之前，就知道如何與人爭吵，而且不僅是語言上的爭執，也有肢體上的衝突。

　　她火爆的脾氣以及好爭辯的個性，讓她順利進入大學的辯論隊。不過，這也代表她很難交到知心好友。只要意見稍有分歧，她就會用語言攻擊對方。

　　20 多歲時，瑪格麗特開始探索冥想，想藉此平息自己的脾氣。她的老師讓她看見自己在言語攻擊別人之前的那一瞬間，其實內心是害怕的。他建議她試著在恐懼出現之前，向自己傳達愛與關懷。

　　這種做法徹底改變了她。她感覺好多了，甚至還開始擔心自己會不會濫用了這項技巧。她詢問老

師是否會有過度自我疼惜的狀況，老師回答說「不會」，於是她開始從早到晚、從起床到就寢，都持續給自己愛和慈悲。不管是在吃飯、開車還是在工作，她都會默默對自己說：「願妳快樂，願妳輕鬆自在，願妳自由，願妳被愛。」

二十年後，瑪格麗特已經是一位備受敬重的冥想導師。她的脾氣不再暴躁，學生都說她是世界上最有愛、最窩心的人。

只要有練習的意願，就能在生活中，培養出對自己和他人的無限同理與慈悲。事實上，人類都存在本能的慈悲心，你的身體與大腦設計可以關懷、同理他人，只要更常啟動、使用關愛迴路，這個迴路就會變得更強大。你絕對有辦法發展出一種用慈悲與愛和自己相處的新方法，沒有任何東西會成為阻礙。

Chapter 3

# 即使不夠完美，
# 仍要珍惜這樣的自己

在本章節，我會透過個案故事，來讓你更了解自我疼惜的實際內涵與應用。這些小故事會描述不同事件，闡述與自我疼惜相關的問題。其中，也會附上一些練習，讓大家了解自己的心態、及其如何影響自我疼惜。在清楚了解自我疼惜的內涵後，就能開始進行手冊中第二部分的14天訓練計畫。

## 「不批判自己，就會失去成長的動力」，真的嗎？

很多人擔心，如果不繼續批評自己，就會失去成長和成功的動力。不過研究顯示，事實恰好相反。用善意（而非批評）激勵自己的人，更能在逆境中堅持不懈，並將失敗作為學習的機會。[1]

# 如果你是馬克思……

馬克思是法學院一年級新生，正在準備期末考。他10歲時就想成為一名律師，所以這對他來說簡直是夢想成真。馬克思的考試成績一直都很好，但這次考試需要具備的知識量遠多於以往。

馬克思能透過幾種不同方式，來應對這個情況。請注意他在面對考試時，自我批判和自我疼惜的心態，兩者有何差異。

## 自我批判式回應

馬克思心想：「別搞砸了。當律師是你一生的夢想，所以絕對不能出半點差錯！不要成為失敗者，不能像個軟弱的孩子，別當笨蛋。你必須把每樣東西學好，你要是跳過某個東西沒念，考試就絕對會考，然後你就會不及格。如果不及格，你的人生就完了！不及格代表你永遠找不到工作，你會徹底失敗。現在就去讀書吧！沒有藉口！」

**你有多常出現這種想法？（0-100%）** ＿＿＿＿＿＿＿

## 自我疼惜式回應

　　馬克思心想：「你害怕失敗，沒關係。你很想成為一名成功的律師，這對你來說很重要。你確實有道理害怕。但無論發生什麼事，你都會沒事的。如果你成功成為一位律師，那就太好了。就算落空，你也會找到自己喜歡的工作。無論最後如何，你都會從這段經歷中學習和成長。我知道如果你全力以赴，你有能力通過這些考試。我知道你做得到，我相信你。」

　　**你有多常出現這種想法？（0-100%）** _____

---

　　比較這兩種可能的反應，你或許會認為用自我疼惜的方式來面對時，馬克思的**感覺會比較好**，而自我批判則會讓他**更努力讀書**。但研究顯示這未必正確。[2]

　　更重要的是，馬克思終究要面對一些挫折或失敗。然而，用批評來鞭策自己，無非是讓自己害怕挫敗，這往往會使我們迴避可能會失敗的挑戰。在挫折與挑戰前退縮，是因為我們害怕內心的批評者。

　　我每天都會看到這種狀況：有才華、有智慧的人，卻因為自我批評而動彈不得。他們非常害怕激怒那個暴

躁的自我批評聲音，所以拒絕去做任何會觸發那個聲音的事。他們不再嘗試任何可能失敗的事，最後變得不敢承認自己其實想試試看新鮮事物。比方說：「我不能允許自己有**想要**升遷的想法，因為萬一我得不到，內心的批評者會毀了我。」

換個角度，如果馬克思懂得自我疼惜，從長遠來看這會是比較好的策略。畢竟，他免不了要處理人生的不如意。賈伯斯與麥可·喬丹常公開談論自己這輩子失敗過多少次。喬丹就說過一句名言，大意是他常常以為自己能投進致勝的一球，最後卻失手。他說自己成功的原因，就是願意失敗。自我疼惜讓我們能不斷冒險，做一些我們不確定是否會成功的事，這代表我們可以持續學習與成長。事實上，有許多研究顯示，自我疼惜程度高的人能有更大成就，因為他們能堅持克服困難。[3]

對馬克思來說，以善意來激勵自己的部分原因，是他意識到自己的價值並不來自於學業成就。無論成功與否，他都可以好好的。這種態度表明：「你之所以做這件事，是因為你想做，而不是為了當個有價值的人才去做。」

## 練習，用最溫柔的愛對待自己

# 如果你是瑪麗莎……

瑪麗莎第一次參加馬拉松比賽。她接受大量訓練，知道自己已經做好準備。但比賽進行到三分之二的時候，她的雙腿變得越來越沉重。她非常希望能完成比賽。

她該如何鼓勵自己？

在這項練習中，你要寫出瑪麗莎激勵自己的兩種方法。一種是自我批評，另一種是自我疼惜。這能讓你更清楚兩者的差異。

### 自我批判式回應

（寫出她用自我批判來鞭策自己時，會有哪些想法。比方說：「不准軟弱！」）

_____

_____

_____

_____

_____

**自我疼惜式回應**

（寫下她以自我疼惜來激勵自己時，會冒出什麼念頭。她清楚知道自己在掙扎，但還是用善意來鼓勵自己。例如：「我知道這不容易，但妳會撐過去的。」）

---

# 內心受傷時，更需要這樣療心

人在失落、遭拒絕、面臨挫敗等不幸時，更需要被善待照顧。問題是，在這些時刻，我們身邊未必有一位親切友善的人能提供情感支持。但一旦發展出自我疼惜，關懷與支持就會在我們最需要的時候出現。

每個人的過往中多少都帶著一點痛苦，在那些時刻，我們覺得自己完全得不到愛與關懷。事實上，我們

甚至能將**情感痛苦**定義為**關愛的匱乏**。所以重點在於培養自我疼惜，有能力同理、照顧自己，這樣我們就永遠不會失去這股重要的能量。在人生充滿挑戰的時刻練習自我疼惜，就能替我們帶來強健的韌性與源源不絕的力量。

## 練習，用最溫柔的愛對待自己

## 如果你是傑克……

　　傑克和一位他非常喜歡的女性出去第一次約會。她聰明風趣，傑克覺得兩個人很處得來。但是，傑克打電話再邀她出來的時候，她連電話都沒接。幾個小時後，他收到一則簡訊：「你是個好人，但我覺得我們不適合，不好意思。」

　　我們來看看傑克會如何檢討自己、批評那位女士，或者能懷抱著溫情與善意來回應。

### 自我批判式回應

　　傑克心想：「她當然不喜歡我。她怎麼可能會喜歡

我？她比我好太多了。我一定是說了什麼蠢話，或是她覺得我長太醜。為什麼我長得這麼奇怪又彆扭？真希望我不是現在這個樣子。我討厭自己。」

**你有多常出現這種想法？（0-100％）** _____

## 批判他人的回應

傑克心想：「是在開玩笑嗎？她以為自己是誰？她一定有問題，我敢說她一定是那種只愛酒鬼或蠢蛋的女人，這樣她才會覺得自己高人一等。祝她孤獨到老。」

**你有多常出現這種想法？（0-100％）** _____

## 自我疼惜式回應

傑克心想：「我覺得失望，也很傷心。我真心想進一步認識她。當我想要的事情沒有發生，我有權利感到悲傷。我不需要把這種感覺趕走。」傑克將手放在胸口，注意自己的呼吸。他給自己一些時間去感受內心的感覺。悲傷慢慢減輕時，他想：「雖然沒有成功，但我們也無法預知和她繼續約會是好事還是壞事。這次失敗或許能讓我迎向更美好的事物。我想要跟她約會，但有時生命自有更好的安排。」

**你有多常出現這種想法？（0-100%）** _____

---

觀察傑克的自我疼惜回應，有幾點非常值得探討。

- 他說出自己的感受。但他沒有責怪任何人，而是承認自己感到悲傷與失望。
- 他給自己時間和空間去感受內心的感覺，而不是一心想讓這些情緒消失。這是一種自我接納（見練習2：自我接納，學習如何在生活中更有意識去創造這種空間）。
- 最後，他用正向積極、鼓勵的思維來重塑自己的經歷，讓未來更有希望。不過，在試著改變想法之前，他也花了一些時間接納自身感受，讓這些情緒有屬於自己的空間和時間。

## 如果你是莎夏……

莎夏把車停在一間購物中心的停車場。1小時後她回來取車，發現後座車門上有個巨大的凹痕。她四處尋找字條，但什麼都找不到。有人撞了她的車，然後拍拍屁股走人。

莎夏該如何應對？

### 自憐式回應

（寫下如果她認為自己是個可憐蟲，會有什麼反應。她不責怪自己，但覺得自己是個無助的受害者。比方說：「為什麼這種事總是發生在我身上？我一定是被詛咒了！」）

_____

_____

_____

_____

_____

## 自我批判式回應

（寫下如果她開始檢討自己，會有什麼反應。例如：「我真笨！應該要注意到別的車停太近了。」）

_____

_____

_____

_____

_____

## 自我疼惜式回應

（寫下如果她能夠關懷和體諒自己，會有什麼反應。像是：「感到難過也沒關係。無論妳有什麼感覺，那都是可以的。記住，妳是安全的，而且生命中也有很多美好的事物。」）

_____

_____

_____

_____

_____

# 忘不掉的傷痛，要如何好起來？

　　每個人心中都背負著過去的痛苦。有人稱之為「情感包袱」或「懸而未決的問題」。我的老師一行禪師則稱之為「心靈花園裡的痛苦種子」。

　　根據我的經驗，自我疼惜是非常強大的修行方式，能夠治癒過去的痛苦，使其不再成為現在的負擔。

**練習，用最溫柔的愛對待自己**

## 如果你是雪兒……

　　雪兒已經離婚四年多，但每次想到離婚她都會感到羞愧與自責。她結婚八年，在這段期間，她與丈夫對彼此的恨意越來越強烈。兩人一開始是因為一些衝突而無法順暢溝通，最後演變成彼此怨懟孤立。她丈夫最後提議離婚，她也同意，因為他們顯然讓彼此痛苦不堪。

　　現在她偶爾會出去約會，但她知道離婚造成的痛苦還在，這讓她無法在新的關係中找到安全和自在感。她想治癒這種痛苦、重新開始。

我們來看看雪兒會如何責怪自己、指責丈夫、自怨自艾，或者是用自我疼惜來治癒創傷。

## 自我批判式回應

雪兒可能會想：「我一定很有問題。我毀掉一段完美的婚姻，因為我不懂怎麼溝通。我一定是有哪裡錯得離譜。我肯定也會毀掉一段新的關係。對我來說最好的辦法就是單身，這樣我就不會毀掉另一個男人的生活了。」

**你有多常出現這種想法？（0-100%）** ＿＿＿＿＿

## 批判他人的回應

雪兒可能會想：「這都是**他的**錯，我不敢相信他會這樣對我。他毀了我們的婚姻，讓我討厭自己。他超級負面，還很愛批評人。我恨死他了！」

**你有多常出現這種想法？（0-100%）** ＿＿＿＿＿

## 自憐式回應

雪兒可能會想：「為什麼會發生在我身上？難道我不值得幸福嗎？我到底做了什麼才會過這種生活？別人

有美好的婚姻和幸福的家庭，但我沒有。我的生活毀
了，我再也得不到幸福了！」

**你有多常出現這種想法？（0-100%）** _____

## 自我疼惜式回應

雪兒可能會想：「我允許自己為了失去一段關係而
悲傷，而不用去擔心是誰的錯。我不太明白到底哪裡出
了問題，但我知道我的婚姻非常痛苦。我還知道自己非
常缺乏愛和慈悲。」雪兒花了她需要的時間去感受心中
的悲傷，而**不是沉浸在內心的離婚小劇場**中。接著，她
想像婚姻即將走到盡頭的樣子，看看自己是多麼孤獨、
多麼不被愛。想像過去的自己時，她說：「我知道妳現
在覺得沒有人喜歡妳。但我愛妳，我看到了妳有多特別
和可愛。」在她最需要的時刻，她向過去的自己傳遞愛
與關懷。每天堅持這樣做，連續幾個星期後，她發現自
己沒那麼害怕新戀情了。

**你有多常出現這種想法？（0-100%）** _____

---

對雪兒來說，自我疼惜代表接納自己的感受，而不

沉浸其中。她允許自己以身體的感覺來感受悲傷（練習2：自我接納），這讓她不會被自己的敘事和判斷所左右。然後，她運用具象化的練習（練習4：治癒過去的傷痛），積極給予自己關愛。她想像自己在婚姻即將結束的時候，完全感受不到愛和關懷。接著，過去的她對自己表達了關心，說：「我知道妳現在覺得沒有人喜歡妳。但我愛妳，我看到了妳有多特別和可愛。」

## 練習，用最溫柔的愛對待自己

## 如果你是安娜……

從小到大，安娜一直有體重過重的困擾。她一心覺得，如果想要減肥，自己其實做得到，但這不是眼下最要緊的事。要是別人對她的外表品頭論足，那是**他們的問題**。但一年前，安娜的醫生說她有心臟病的風險，需要減掉14公斤。事實證明，節食與運動比安娜想像中還要困難。兩個月後，效果相當有限，她放棄減肥，也換了另外一位醫師。

從那時起，安娜就對自己的體重感到羞愧。每次她

吃東西或照鏡子時，內心的批評聲音就會說她軟弱可悲。她不敢再嘗試節食，因為失敗太痛苦了。

安娜想要治癒過去的這段經歷，她首先想像自己決定放棄節食那天的情景。

她能說些什麼？

## 自憐式回應

（寫下她如果覺得自己很悲慘，會有什麼反應。記得，自憐心態會承認痛苦，同時假設自己沒有能力讓事情變得更好。例如：「妳變成這樣並不是妳的錯。但妳運氣不好，對此妳無能為力。」）

_____

_____

_____

_____

_____

## 自我批判式回應

（寫下她如果開始苛責自己，會有什麼反應。像是：「妳太軟弱、太可悲了。」）

_____

_____

_____

_____

_____

### 自我疼惜式回應

（寫下她如果能夠鼓勵、關愛自己，會有什麼反應。比方說：「我知道這很可怕，也很困難。無論妳有什麼感覺都沒關係，如果需要暫停節食也不要緊，等妳準備好可以再試一次。我希望妳健康，但不想要妳感到羞愧。無論如何，妳都是一個可愛的人。」）

_____

_____

_____

_____

_____

_____

## 自我疼惜就是對自己溫柔，連同自己不夠好的

　　人都希望自己的某些面向能有所改變。比方說，恨不得自己的憂鬱、笨手笨腳或脾氣暴躁的問題能消失。然而，如果對成長與進步的願望，變成對自己某方面的憎恨，那就不是一件好事。希望能減少擔憂，跟在煩惱時憎恨自己，這是截然不同的兩件事。一個是出於成長的渴望，另一個則是來自「我現在這樣是不被接受的」信念。

　　自我疼惜的深層意涵，是以關愛之心對待自己的**每個部分**。即使面對焦慮、孤獨，甚至是自我批判，我們也慈愛以待。也就是說，關懷與接納每個想法、每一種感覺、每一項行為。事實上，當我們懂得同理、關照自己感到最不自在和痛苦的面向，就會發現成長與療癒變得更容易。

# 如果你是南希……

南希今年 40 多歲，是一位編輯也是一位母親。她深受焦慮的困擾。多年來她看過幾位心理治療師，也讀過幾十本自助書籍，多數都有一點點幫助，但焦慮的狀況依然沒有消失。

無論生活中發生的是好事還是壞事，南希都會擔心。不管她怎麼努力，都無法阻止自己去想可能發生在自己或家人身上的所有壞事。

我們來看看南希會如何透過自我批判或自我疼惜的心態，來回應焦慮。

## 自我批判式回應

南希會想：「我是怎麼了？我又來了，這會毀了我的人生。我好討厭這樣。不要再擔心了！妳太可悲、太軟弱了，不要再這樣了。」

**你有多常出現這種想法？（0-100％）** _____

## 自我疼惜式回應

南希可能會想：「我又開始擔心了，真希望能停下來。」她坐下來，雙手放在胸口，專注體會身體的緊張和焦慮——允許自己去感受它，而不是試圖改變。然後，她想像自己的祖母，想像祖母如何在她焦慮擔憂的時候依然愛著她、接納她。她想像祖母說：「無論妳有什麼感覺，無論妳在想什麼，我都完全愛妳。」短短幾分鐘的練習，她感覺平靜多了。

**你有多常出現這種想法？（0-100%）**＿＿＿＿＿＿

南希的自我批評很容易讓人產生共鳴。她有一種強烈的渴望，希望自己不要再擔心焦慮，因為她發現這對家人和自己都造成傷害。問題是，自責沒什麼用。

幸好，南希發現自我疼惜對她來說更有效。她首先允許自己去感受身體的感覺（練習2：自我接納）。透過關注自己的身體，她能避免陷入自己編織出來的恐怖故事。重點是，她不用讓這些想法消失，也不必與自己對抗。她只需要允許自己去體會她已經感受到的東西。

經過幾分鐘練習，南希進入具象化的階段（練習

3：擁抱痛苦）。她想像祖母向她表達愛與關懷，而且不僅愛護那個堅強壯大的自己，更疼惜正在受苦、恐懼的自己。這就是以關愛的心，擁抱痛苦的一個案例。

## 練習，用最溫柔的愛對待自己

## 如果你是傑瑞……

傑瑞20多歲，在一家網路行銷公司上班。過去幾年來，他慢慢意識到，自己的憤怒正在傷害他的人際關係與生活品質。他對客戶、同事和朋友發脾氣。他愛批判的習慣也毀了最近兩段戀情。傑瑞很想控制自己的脾氣，但他到目前為止都沒有成功改變。傑瑞該如何處理自己的怒氣？

### 自我批判式回應

（寫出與他的怒火相關的自我批判心態。例如：「你怎麼搞的？不要再當這種糟糕的人了！」）

_____

_____

_____

_____

_____

## 自我疼惜式回應

（寫出以自我疼惜的方式對待憤怒時，會有什麼想法。比方說：「你生氣的時候，我知道那是因為你在受苦，你需要關愛。感到痛苦也沒關係，只要記得疼愛自己就可以了。」）

_____

_____

_____

_____

_____

# PART
# II

# 踏上自我疼惜之旅，
# 迎接更美好的自己

04　疼惜自我，你準備好了嗎？

05　8大實踐方法，成就美好身心

# Chapter 4

# 疼惜自我，
# 你準備好了嗎？

「幸福可以學習，但需要練習。練習是必不可少的。」

——理查·戴維森博士

　　研究顯示，任何人都有辦法培養自我疼惜，而其中不可或缺的就是練習的意願。自我疼惜路線圖提供體驗式練習，而這些練習也經過證實，能提高我們調節強烈情緒的能力，讓人在面對日常挑戰時更有韌性，同時放下自我批評或自我破壞，並且治癒過去的傷痛。

　　如果能連續14天，每天投入30分鐘跟著練習，就能看到顯著的收穫，而這些成效通常能為日常生活帶來具體改變。

　　自我疼惜路線圖是一份寶貴的資源，因為它就像經驗豐富的導師，帶領大家完成練習。它會根據你在某一天或某個特定練習中的情況，替大家指引出最合適的訓練方法。在沿著自我疼惜路線圖前進時，都會根據你的長處與癥結點，來決定最適合你的練習。

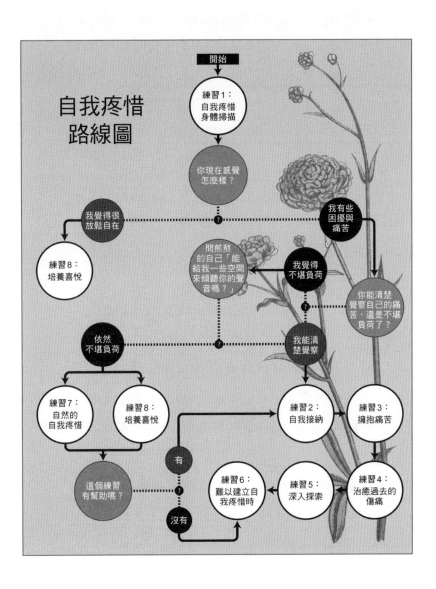

開始

練習1：
自我疼惜
身體掃描

你現在感覺
怎麼樣？

**自我疼惜
路線圖**

我覺得很
放鬆自在

我有些
困擾與
痛苦

練習8：
培養喜悅

問煎熬
的自己「能
給我一些空間
來傾聽你的聲
音嗎？」

我覺得
不堪負荷

你能清楚
覺察自己的痛
苦，還是不堪
負荷了？

依然
不堪負荷

我能清
楚覺察

練習7：
自然的
自我疼惜

練習8：
培養喜悅

練習2：
自我接納

練習3：
擁抱痛苦

有

這個練習
有幫助嗎？

練習6：
難以建立自
我疼惜時

練習5：
深入探索

練習4：
治癒過去的
傷痛

沒有

# 如何運用自我疼惜路線圖，來療癒自己？

每次練習都會從路線圖頂端的「練習1：自我疼惜身體掃描」開始（第五章會詳細解釋）。然後，按照路線圖來回答有關個人感受的具體問題。比方說，如果你在開始練習時覺得非常放鬆、感覺很好，就會被引導到「練習8：培養喜悅」。要是你發現自己有些不自在與困擾（但還沒有到難以承受的程度），就會進到「練習2：自我接納」。

如果你願意，可以在依循路線圖練習之前，先瀏覽書中的每一項練習並小試身手。這樣你或許會更熟悉整段流程，以及了解不同練習如何相輔相成。

從「練習1：自我疼惜身體掃描」開始培養自我疼惜，然後依照路線圖的指引找到最適合自己的練習。

展開為期14天的練習計畫後，請用本章末的練習日記，來紀錄每次練習的時間長度（我建議每天30分鐘）、你做了哪些練習，以及你對每日狀況的個人筆記。完成14天計畫後，你就能決定每天要花多少時間來持續練習自我疼惜。

# 在這場內在冒險開始前，請注意……

　　大家能按照自己的想法，來制定練習方式。不過以下建議對許多人來說都很受用：

- 盡量將練習安排在每天的同一個時間，這樣就能養成習慣、讓練習更規律。

- 盡量**不要**在練習後安排其他事。很多人在練習後會感受到強烈的情緒，如果練習後有一段休息、放鬆的時間會比較好。

- 盡量事先安排好練習的時間，以免被打擾。關掉手機，收起任何可能讓你分心的事物。

- 社會支持能讓練習變得更輕鬆簡單。如果讓朋友或家人知道你正在進行自我疼惜練習，他們或許會給你鼓勵或其他形式的協助。或者，也可以上網尋找當地的冥想小組。其他關於社會支持的資訊，請參考第六、第七和第八章。

- 書中特別留了一些空間，讓大家能在練習時寫下自己的想法與回饋，不過有可能練習一到兩次之後空白處就會被填滿。可以另外拿一張紙

或專門的筆記本，來紀錄你對每次練習的想法。

# 萬一練習時感到不堪負荷，怎麼辦？

書中的練習非常強大，可能會引發強烈的情緒。這通常是件好事，代表你正在經歷深刻、徹底的轉變。但你也有可能被強烈的情緒淹沒，以至於無法有效消化、應對這些情緒。在練習過程中，最理想的狀態是擁有強烈的情緒，但不要被情緒淹沒。一般來說，情緒強度最好在4到8之間（滿分是10）。如果低於4，情緒可能不夠深刻，無法產生真正的變化；超過8又太過強烈，無法有效應對消化。

如果你在訓練過程中感到不堪負荷，請直接進入練習7或練習8，讓自己冷靜下來、恢復安全感，或者放鬆休息一下。以下跡象顯示你已經不堪負荷、無法有效處理情緒。如果你出現以下狀況，請立刻停止練習：

- 心律過快。

- 過度出汗。
- 呼吸急促。
- 胸口疼痛。
- 無法控制的顫抖或抖動。
- 窒息感。
- 感覺不真實或與周遭環境分離。
- 噁心。
- 感到困惑。
- 被情緒壓垮淹沒。

這些跡象顯示，你的身體和大腦恐怕已經進入「戰鬥─逃跑─僵住」的反應。一旦處於這種狀態後就無法有效處理情緒了。繼續練習前，你需要充分的空間來讓自己感到安全和平靜。

## 平衡，很重要：當一個有覺知力的練習者

自我疼惜練習不該是件苦差事。你不是因為「應該」做才去練習，更不是為了感覺好一點，所以要忍著

去做。如果以這種方式來練習自我疼惜，就不會起到應有的作用。

反之，請試著將這些練習當成給自己的獎勵。佛教圈有一句關於冥想的說法：開頭好，過程好，結束也好。我們知道自己的練習是正確的，因為這套練習從開頭就給人輕鬆的感覺，這就是好的開端。練習的過程中，即使面對強烈的痛苦，我們也能敞開心胸，以療癒的力量去接納，這就是過程好。最後，當我們意識到這些練習真的讓人有所改變，就會心懷感激，這就是好的結束。

如果你在練習時沒有這種感覺，我建議大家先暫停、休息幾天。然後，試著用新的視角來重新看待「自我疼惜路線圖」，看看你是否一直停留在同一種練習，搞不好另一種練習更適合你。

自我疼惜練習有兩大面向：

一、培養喜悅與關愛（練習7和8）。
二、擁抱痛苦和不安（練習2到練習6）。

我們必須在這兩類練習之間找到平衡。如果你花太

多時間在第一類練習上、而忽略了第二類練習，會發現你感受到的變化只停留在表面。你可能學會如何在獨處時找到內在平靜，但痛苦的深層根源並沒有改變。痛苦不斷湧現，你覺得必須不斷練習才能抑制痛苦的感受。如果是這樣，你就需要花更多時間，用理解與關懷來擁抱自己的痛苦，從根本脫胎換骨。

另一方面，要是你只專注於第二類練習、而忽略第一類練習，可能會覺得很疲憊。你或許會覺得自己好像花了幾個小時與痛苦應對，但沒有體會到真正的改變。你的練習會很單調枯燥，像是乏味的例行公事。這就顯示出我們必須在內心深處培養慈悲與喜悅。這些能量就像燃料，能讓我們意識清醒地直面痛苦。練習7和8的目的就是讓大家充滿喜悅。

## 用這份測驗，來衡量你的進展

你可以在14天培訓計畫前後，進行這項測驗來衡量自己的進展。第一個小測驗測量的是你內心痛苦的程度。自我疼惜具有包容與轉化痛苦的力量，所以你可能

會發現在練習計畫結束後，痛苦分數有所下降。第二項測驗衡量的是你有多關愛疼惜自己，所以這份練習計畫的目的是協助大家提高這項分數。如果你覺得這個計畫對你來說很受用，可以長久練習下去。

| 測驗一：痛苦強度（圈選符合你情況的分數） | | | | | |
|---|---|---|---|---|---|
| | 未曾 | 很少 | 有時 | 經常 | 總是 |
| 我感到憂鬱 | 1 | 2 | 3 | 4 | 5 |
| 我感到焦慮 | 1 | 2 | 3 | 4 | 5 |
| 我感到憤怒 | 1 | 2 | 3 | 4 | 5 |
| 過往的痛苦或創傷，對我的日常生活造成負面影響 | 1 | 2 | 3 | 4 | 5 |
| 我不喜歡自己 | 1 | 2 | 3 | 4 | 5 |
| 總分 | 將上表中圈起的分數加總，寫在右邊欄位： | | | | |

| 測驗二：疼惜強度（圈選符合你情況的分數） | | | | | |
|---|---|---|---|---|---|
| | 未曾 | 很少 | 有時 | 經常 | 總是 |
| 我會用善意而非批評，來激勵自己 | 1 | 2 | 3 | 4 | 5 |
| 痛苦的時候，我會主動向自己表達關愛 | 1 | 2 | 3 | 4 | 5 |
| 我相信有慈愛心的人如果真的了解我，會願意愛我並接納我 | 1 | 2 | 3 | 4 | 5 |
| 我知道如何用疼愛的心，來治癒過去的傷痛 | 1 | 2 | 3 | 4 | 5 |
| 面對內心看似不理性的一面，我會抱持和善與關懷的態度 | 1 | 2 | 3 | 4 | 5 |
| 總分 | 將上表中圈起的分數加總，寫在右邊欄位： | | | | |

# 親自用手寫，紀錄你每天的成長與轉變

從「練習1：自我疼惜身體掃描」（詳見第五章）開始培養自我疼惜，然後依照路線圖的指引，找到最適合自己的練習。而實際訓練後，你可以用這份日記來紀錄訓練的日期、時間長度以及採用的練習（1-8），還有它帶給你的啟發。如果可以，盡量連續14天，每天留下30分鐘來練習。

| 第＿＿天 | 日期 | 練習時長（分鐘） | 採用的練習（1-8） | 筆　記 |
|---|---|---|---|---|
| 1 | | | | |
| 2 | | | | |
| 3 | | | | |
| 4 | | | | |
| 5 | | | | |

| 第___天 | 日期 | 練習時長（分鐘） | 採用的練習（1-8） | 筆 記 |
|---|---|---|---|---|
| 6 | | | | |
| 7 | | | | |
| 8 | | | | |
| 9 | | | | |
| 10 | | | | |
| 11 | | | | |
| 12 | | | | |
| 13 | | | | |
| 14 | | | | |

# 8 大實踐方法，
# 成就美好身心

本章會詳細介紹如何進行「自我疼惜路線圖」中的八項練習。

# 練習1：自我疼惜身體掃描

每次練習都應該從這個項目開始。這能幫助你評估自己的情緒狀態，並判定下一步該採取哪一項練習。

## 練習指南

找到舒適的姿勢，可以睜眼或閉眼，以你最輕鬆自在的方式進行。

- **正念呼吸（三到十次）**：將注意力集中在氣息的吐納上。關注整段呼吸過程，從開始到結束都專心致志。不要企圖改變呼吸方式，只要去注意氣息的流動就可以，讓氣息隨心所欲。允許自己暫停日常生活的一切瑣事與行動。放下過去與未來，讓呼吸將你的思緒帶入當下。持續

練習，直到你能全神貫注去感受三次完整的吸吐。

- **身體正念（至少三次呼吸，最多5分鐘）**：讓你的意識從呼吸的感覺擴展到全身。每次呼吸，都要將注意力集中在身體感覺的出現與消逝上。留意任何的緊繃與放鬆，任何沉重或輕盈感，以及各式各樣的感覺。關照全身上下。寫下你注意到的所有身體感覺，比方說「肩膀緊繃」、「內心沉重」，或者是「全身躁動」。

---

---

---

---

---

---

---

---

---

---

# 問問自己……

評估完身體感受後，用下面問題來判定下一階段的練習。

你是否注意到身體有任何緊繃、激動、沉重等不適？

- **沒有**：如果你沒有察覺到任何身體不適，就代表你完全放鬆、開放，那請進入「練習8：培養喜悅」。這能協助你強化已經感受到的健全快樂感。

- **有**：你是否覺得自己被不適感給壓垮？是否感到疲倦？是否能清楚覺察這種感覺？

  一、**不堪負荷**：如果覺得被壓垮、難以承受，請詢問內心感到痛苦的部分：「能不能請你挪出一些空間，讓我來傾聽你的心聲並試著協助你？」若是這個方法管用，請到「練習2：自我接納」。如果依然覺得心力交瘁，請進入「練習7：自然的自我疼惜」或者「練習8：培養喜悅」，這能協助你調節感受的

強度。

二、**精疲力竭**：這可能顯示你的喜悅和慈悲能量
偏低。如果是這樣，請進行「練習7：自然
的自我疼惜」或者「練習8：培養喜悅」。

三、**清楚覺察**：如果能清楚感知當下，請進入
「練習2：自我接納」。

## 實作體驗與分享

這邊有幾個例子，能說明這項練習的實際應用。我
們的重點是去覺察身體是否有任何狀況和困難，然後根
據前文列出的問題，來選出下一步練習。

- 奧倫閉上眼睛，專注於呼吸。他仔細觀察自己
呼吸時的身體感受。三次完整吸吐後，他想像
意識擴展到整個身體。這個時候，他發現自己
的臉很緊繃，內心有一種沉重的感覺。他深吸
幾口氣，問自己：「這種感覺是難以承受的，還
是我能保持覺察？」他發現自己能在身體出現
這種程度的不適感時保持覺察，所以他開始進

行「練習2：自我接納」。

- 賈奈兒試著將注意力停留在整個身體的覺察，可是卻沒有任何感覺。她問自己：「我現在覺得自在放鬆嗎？」但她顯然沒有。她就是感覺不到任何東西。然後她又問：「我現在覺得麻木嗎？」她馬上意識到自己正處於麻木狀態。由於她沒有覺得心力交瘁，所以進入練習2。

- 喬安娜做「自我疼惜路線圖」練習已將近一年。她每天花30到45鐘的時間練習，每週練習5到6天。每次她坐下來，將意識專注在自己身體上，就會感受到深沉的放鬆和愉悅。她花大概10分鐘的時間密切關注自己的身體，等待任何可能出現的困擾與不適感，然後享受當下身體的愉悅感。再來她會進入「練習8：培養喜悅」，讓快樂更深刻穩定。

- 布魯斯想要專注在呼吸上時，常會感覺心煩意亂和不安。幾次呼吸後，他打算覺察全身，卻感到驚慌失措。然而，只要他試著說出內心感受，就會脫離當下情境、無法繼續練習。話說回來，布魯斯並不擔心。因為他知道，這件事

在他要專注於具體的身體感受時，很常發生。所以，他直接跳到「練習7：自然的自我疼惜」來平復激動的情緒。

別忘了，跟著指南完成練習1後，要用「問問自己……」中提到的問題，來決定下一階段要做的練習。

## 練習2：自我接納

這項練習的目的，是無論身體有何感受，或腦中出現什麼想法，都能全然地覺知。你要學習用慈悲與正念來擁抱這些感覺和思緒，而不是與之抗衡或被它們牽著走。無論想法和身體感受是愉快、不愉快，還是中性的，都要敞開心扉去接納和擁抱。

只要習慣以慈悲和接納的心態，去面對每個想法與身體感受，就會發現自己不再受負面想法和感覺所困。這些感受與思緒來來去去，不會擾亂你平穩的心境。

自我接納有兩大面向：

- **身體正念**：以開放的接納態度，去關注身體的所有知覺。無論是愉快、不愉快還是中性的感受，我們都允許所有感覺以自然的步調出現和消失。

- **想法正念**：我們覺察到自己的想法來來去去。但我們並非不相信或反對這些想法，而是去體認這些想法的存在，讓它們以自然的步調出現和消失。

## 身體正念：用所有的愛與溫暖，探訪你的感官

我們先從自我接納的第一個面向「身體正念」談起。在練習身體正念時，所謂的情緒，指的是身體的知覺。可以說，幾乎每種情緒都與身體感受和想法相關。比方說，當你感到恐懼，多半會牽涉到身體不適，像是：喉嚨緊、胸口沉重或全身顫抖。當然，也可能伴隨著令人恐懼的念頭。不過，在這項練習當中，我們只關注身體感受。試試這項練習是否對你有幫助。

## 親愛的感受，我很高興能照顧你

我的老師一行禪師會用一個意象來描述身體正念：母親用所有的愛與溫暖，來擁抱剛出生的嬰兒。而我們正在學習如何用這種愛，來擁抱身上出現的任何感受。這或許不容易，訓練初期可能對大家來說都相當困難。

對許多人而言，我們能做的頂多只是去包容身體承受的感覺。多年來，我們一直在與這些感受抗爭，或試圖透過各種分心或成癮行為來迴避閃躲。現在，當我們將注意力重新放在身體上，光是去包容自己的感受，其實就已經是一大進展。

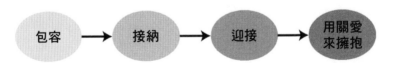

包容 → 接納 → 迎接 → 用關愛來擁抱

如果能藉由上圖，來思考正念練習如何隨時間進展而更加深刻，可能會更容易理解。一開始，也許只是包容身體的感受。一段時間後，則會發展出接納心態。我們或許會想：「我不需要讓這些感覺消失，只要去感覺

它們存在就可以了。」再來，說不定能夠迎接自己的感受。我們可能會想：「你好，憤怒。我在這裡陪著你，我願意關注你。」最後，則學會用愛與溫暖去擁抱自己的感受。我們會想：「親愛的悲傷，我知道你在這裡，我很高興能照顧你。」

---

## 練習指南

找到舒適的姿勢，可以睜眼或閉眼，以你最輕鬆自在的方式進行。

將注意力集中在身體感受上，特別注意頭部、臉部、胸部與腹部的感受。

- 你有注意到身體有任何緊繃感嗎？
  - ☐ 有
  - ☐ 無
  - 如果有，是哪個部位？ _____
- 你有注意到身體有放鬆的感覺嗎？
  - ☐ 有
  - ☐ 無

如果有，是哪個部位？＿＿＿＿＿＿＿＿＿＿＿

- 你有注意到身體有沉重的感覺嗎？

　□ 有

　□ 無

　如果有，是哪個部位？＿＿＿＿＿＿＿＿＿＿＿

- 你有注意到身體有輕盈的感覺嗎？

　□ 有

　□ 無

　如果有，是哪個部位？＿＿＿＿＿＿＿＿＿＿＿

- 你有注意到身體有發熱的感覺嗎？

　□ 有

　□ 無

　如果有，是哪個部位？＿＿＿＿＿＿＿＿＿＿＿

- 你有注意到身體有冷靜沉著的感覺嗎？

　□ 有

　□ 無

　如果有，是哪個部位？＿＿＿＿＿＿＿＿＿＿＿

- 你有注意到身體有任何躁動不安的感覺嗎？

　□ 有

　□ 無

如果有，是哪個部位？　＿＿＿＿＿＿＿＿＿＿＿＿＿

- 你有注意到其他身體的感覺嗎？
  □ 有
  □ 無
  如果有，是哪個部位？　＿＿＿＿＿＿＿＿＿＿＿＿＿

　　現在，試試看你有沒有辦法讓這些感覺自然而然增強，讓自己徹底去感受這些感覺，不要試圖改變。這項練習的目的，**不是**讓不愉快的感覺消失。反之，我們要允許自己以完全開放、接受的態度，去感受身體出現的任何感覺。這些感覺或許會變得更強烈、產生某種變化，或者持平不變。你只是在一旁觀察和感受。你可能會對自己說：「我可以感受我的感覺。如果感覺要變強或消失，我能給予這個空間。我不需要與任何東西對抗。」寫下你注意到的感受，比方說「我心中的緊繃開始鬆開」或「肚子裡的沉重感變得更強烈」。

＿＿＿＿＿＿＿＿＿＿＿＿＿＿＿＿＿＿＿＿＿＿＿＿＿

＿＿＿＿＿＿＿＿＿＿＿＿＿＿＿＿＿＿＿＿＿＿＿＿＿

＿＿＿＿＿＿＿＿＿＿＿＿＿＿＿＿＿＿＿＿＿＿＿＿＿

＿＿＿＿＿＿＿＿＿＿＿＿＿＿＿＿＿＿＿＿＿＿＿＿＿

而開始關注身體感受時，也許會發現你的身心做出許多不同反應。

- 一旦想法開始分散你的注意力，讓你沒那麼專注覺察身體感受，請不要與之抗衡，也不要試著去壓制那些想法。直接進行後文的想法正念練習。
- 要是身體感受強烈到不堪負荷，請進行練習7或練習8。
- 如果身體感受更強烈、開始減弱或出現新的感覺，請繼續進行身體正念練習。

將注意力集中在所有身體感受上。每次呼吸，都讓自己去感覺任何出現的感受。如果身體感受令人愉悅（比方說放鬆、溫暖或開放），請讓自己享受這些感覺。若是不愉快的感覺（例如緊張、激動或沉重），試著敞開心扉接納這些感受。感受它們，讓它們自在變化。身體出現的每種感受都是正常的。看看你是否能敞開心扉面對這些感受。你可以對自己說：「無論身體出現什麼感覺都沒關係。不管是愉快的、悲傷的，還是中

性的感覺都可以。我不想改變什麼,唯一的任務是敞開心扉,體會身上出現的所有感受。」繼續這樣練習5到10分鐘。每次注意到變化,就把它寫下來。

---

---

---

---

---

---

---

---

---

<u>問問自己⋯⋯</u>

這樣練習幾分鐘後,你的痛苦或不適感是否依然存在,還是已經完全消失了?

- **依然存在**:請到「練習3:擁抱痛苦」。
- **消失了**:請到練習7或練習8,來強化你的健全感與喜悅。

## 找回平靜，不需要消滅負面情緒

奧倫完成「自我疼惜身體掃描」練習，發現自己臉部緊繃、心臟周圍有一股沉重感。於是，他接著去做身體正念練習，給自己時間與空間去感受內心的緊張與沉重。當他將注意力集中到身體上，沉重感也越來越強烈。奧倫並不擔心，因為他知道自己並沒有想要讓這個感覺消失，只是去感受它。大約十次呼吸之後，他開始對自己說：「有這種感覺不要緊。它想要多強烈都沒關係。」就在這個時候，他感覺到緊張與沉重感開始釋放。他告訴自己：「如果感覺消失了也沒關係，要回來也可以。無論出現什麼感受，我都會敞開心扉去體會。」經過10分鐘練習，奧倫感覺相當平靜。

## 想法正念：跟想法，建立起實際的關係

多數人都認為自己的想法是真的，但這其實有點瘋狂。就好比回憶往事的時候，往往會發現我們的想法與認知並不一定完全正確。話雖如此，我們還是會相信自己腦中閃過的念頭。

然而，正念能協助我們與自己的想法建立更理性、實際的關係。在現實生活中，大腦每天都在製造想法，連睡覺的多數時間也是如此。大腦會分析和評論發生在我們身上的每件事，甚至還會對自己的評論發表意見。這些都沒有問題，大腦本來就該執行這些工作。

但當我們將**想法**當作**事實**的時候，問題就來了。之所以說這是問題，也是因為大腦不會等到必要資訊都到齊之後才去建構想法。想像一下，如果大腦在獲得準確理解某件事所需的全部資訊之前，完全不會形成任何想法，那會是什麼樣子？情況會大不相同，而且這可能也很難在日常生活中發揮效用。

想法正念能讓我們體認到**想法只是想法**，不給予過多或過少的關注。想法是有用的資訊來源，但依然必須謹慎對待。

訓練想法正念的方式有很多種，但針對本練習計畫而言，只有當強烈的念頭分散你注意力、使你無法練習身體正念時，才會使用這套方法。

## 練習指南

找到舒適的姿勢，可以睜眼或閉眼，以你最輕鬆自在的方式進行。

練習身體正念時，會有一些想法出現，讓你難以將注意力集中在身體感覺上。出現這種情況時，首先要做的是覺察想法的出現，並將其命名為「想法」。不要與想法爭論，也不要試圖使其消失。體認這只是一個想法，並允許這個想法自在去留。然後回頭繼續練習身體正念。

## 面對不同想法，如何回應？

不同想法有各自適合的練習方式，以下舉例：

一、**厭惡身體感覺**。例如，你在練習坦然面對身體的緊繃感，這時你會產生「我討厭這種緊繃感」的想法。

- 你可以對自己說：「當然囉，你不喜歡這種緊繃感，這很正常。你可以允許『我討厭這種緊繃感』的想法存在，同時允許緊繃感存在。」當「我討厭……（可以填入任何身體感受）」的想法出現，去同理自己的想法會很有幫助。例如，你可以說：「我討厭這種緊繃感，這是正常、自然的反應。」然後，看看你是否能讓這個想法與身體感受**同時存在**。這都是發生在你體內的事件，所以要允許它們同時存在。

二、**對正念練習反感**。比方說：「這種練習對我來說沒用啦。」

- 有些人長期以來一直在迴避自己的感受。當我們終於重新關注自己，可能會發現有大量的痛苦正等著我們。大腦自然會說：「不要繼續了，我們去做更愉快的事情吧。」在這種情況下，你也要對自己的這個部分表達同理，像是：「你當然不喜歡這樣，當然會想要感受更愉快的事，這很自然。」然後，溫柔地告訴自己，如果能用愛去擁抱痛苦，這

種做法其實能帶來更大的幸福感。你想要表達的意思是：「有一部分的我正在受苦，我想要照顧它。」

三、**與你正在感受的情緒無關的想法**。比如：「不要忘記買洗碗精。」

- 這有可能是大腦想確保你不會忘記重要任務，也有可能是一種隨機的聯想。或者，是大腦試圖迴避痛苦的感受，或是你正常意識流的一部分。在這種情況下，只需要去體認這個想法，並將其命名為想法，然後回到身體的感受上。如果你的意識擔心自己會忘記某些事物，可以花時間把它寫下來，然後再讓這股擔憂消散。如果是為了逃避痛苦，那就像前面的「厭惡身體感覺」例子一樣，允許無關的想法存在，**同時也**允許你正在經歷的情緒存在。

四、**你灌輸給自己的敘事**。例如：「我知道我要被炒魷魚了」或「我希望她能愛我」。

- 練習應對這種想法可能會有點棘手。這些敘事的內容往往不是完全基於現實。舉例來

說，如果你最近和女兒吵架，可能會想「她恨我」或「我真是個混蛋」。這種想法出現時，我們也不要與之抗爭或試圖使它消失。我們要對自己說：「我有一個想法，可能是真的，也可能是假的。」我現在不需要判斷這個想法是真是假，我只是接受心中出現的任何想法。我們時不時都會有這樣的想法，但消除這些想法並不會帶來自由或內心的平靜。內心的平和是來自於接受自己的想法並非永遠真確，以及學會如何不被想法束縛。

## 問問自己……

用正念擁抱自己的想法後，你是否能將注意力轉回身體感受上？

- 如果可以，請回到身體正念練習。
- 萬一不行，那就繼續「練習3：擁抱痛苦」。

# 練習3：擁抱痛苦

感受到愛與關懷的時候，大腦中的「關愛迴路」會釋放催產素和天然嗎啡，還能明顯減輕各種形式的心理壓力（當然還有各種生理壓力）。這項練習運用大腦的關愛迴路，來緩解壓力、焦慮、憂鬱等負面情緒。

根據上一章節的描述，只要能花幾分鐘練習自我接納，擁抱痛苦的練習就會更有效。首先，我們要接受身體的所有感受和想法，不以任何形式去改變干預。這種深刻的接納，是培養慈悲與疼惜的最佳基礎。

每個人都會受苦，這是人類的共同點。在人生的不同時期，我們都會經歷失落、挫折與焦慮。我們體會過孤獨、悲傷和憤怒的滋味。然而，多數人卻不曉得如何用關愛之心來擁抱痛苦，進而將痛苦轉化為平靜和理解。這就是本練習的目的。

擁抱痛苦有兩種方式：

一、**接受他人的關愛**：想像一個自己認識的人、宗教人物、心愛的動物（如寵物），甚至是大自然中的一個形象，然後想像他們愛我們、接納我們。他們可以用

任何我們最有感的方式，來表達疼愛。比方說抱著我們，說愛的話語，或只是看著我們。這種練習的意義在於，當我們**承受痛苦**，他們會用慈悲關照我們。

二、**向自己傳遞關愛**：你要意識到自己身體與心靈當中存在的痛苦，然後對自己表達疼惜。你可以對自己說充滿愛的話語、把手放在心口，或者用雙臂擁抱自己。你可以想像一種慈悲的力量，這股力量會指向你身體中感到痛苦的地方。同樣，你也可以做任何覺得效用最強烈的事情，來向自己傳遞愛與關懷。

## 想像對方深深疼愛你，僅僅因為你是你

後文會分享擁抱痛苦的第一種方式——「接受他人的關愛」。

---

案例分享 **充滿愛的想像，會產生奇蹟**

蒂娜將雙手放在心口，覺察自己內心的悲傷與孤獨。胸口的沉重感以及胃部的噁心感，讓她覺察

---

到這些感受。在絲毫不去改變這些感受的情況下，蒂娜專注幾次呼吸，並在腦中想像祖母的形象。她讓祖母的形象在腦海中變得清晰具體，頓時覺得身體舒坦一些。她想像祖母對她說：「願妳平和，願妳得到愛。」祖母一遍又一遍地說，而每重複一次，她就感覺身體中的痛苦逐漸消融，最後感到平靜祥和。

## 練習指南

找到舒適的姿勢，可以睜眼或閉眼，以你最輕鬆自在的方式進行。

在上一個練習「自我接納」中，我們意識到身體中存在的痛苦。無論痛苦以何種形式出現，比方說憤怒、恐懼、悲傷、沮喪、孤獨、緊張、沉重等等，你都覺察到它的存在。而在本練習，就跟前一項練習一樣，不會刻意讓痛苦消失。你要深刻地接納自己，接受你正在經歷的一切。現在，請描述你所承受的痛苦感受。

_____

_____

_____

_____

_____

_____

_____

_____

　接下來，看你能否設想某個你認識的人、宗教人物、動物、想像的原型人物，或是大自然中的某個形象，想像他們此刻正在給你愛、接納你。他們能看到你的痛苦、對你充滿慈悲。寫下你選擇的對象：

_____

　（注意：如果你無法想像任何人正在給你愛並接納你，請改做「練習4：治癒過去的傷痛」。）

　現在繼續將注意力集中在那個對象身上，讓形象更加清晰。如果難以想像，有些人也會用照片或其他實物來輔助。在你承受痛苦的這個時刻，去體察他們是如何愛你、接納你的。留意身體的感覺。

- 你有覺得自己放鬆下來嗎？

  ☐ 有

  ☐ 無

- 你有感覺緊繃嗎？

  ☐ 有

  ☐ 無

- 你有覺得輕盈嗎？

  ☐ 有

  ☐ 無

- 你有注意到其他感覺嗎？

  ☐ 有

  ☐ 無

  是什麼感受？＿＿＿＿＿＿＿＿＿＿＿＿＿＿＿＿＿

（注意：如果你發現身體很緊繃或有任何不適，請改做「練習6：難以建立自我疼惜時」。）

繼續將注意力放在那個對象身上，盡可能讓體內的正向情緒變得強烈。這個對象可以用任何對你來說最有影響力的方式，表達接納與愛。留意身體的正向感受，試著對自己說：「有這種感覺沒關係，我可以讓這種感

受自由發揮。」

持續練習1到3分鐘。

現在想像那個對象對你說以下短句（如果這些短句沒幫助，也可以改用其他短句）。

- 願你快樂。
- 願你健康。
- 願你平安。
- 願你被愛。

想像對方重複幾遍這些短語，讓你身體裡的正向感受越強烈越好。紀錄你體內的正向感受是否變得更強烈，或有無任何變化。

- 變得更強烈？
  - ☐ 有
  - ☐ 無
- 有所改變？
  - ☐ 有
  - ☐ 無

若有改變，請描述是什麼樣的改變。

_____

_____

_____

_____

_____

繼續練習5到10分鐘。

## 將滿滿的愛，帶回給自己

接下來，則介紹擁抱痛苦的第二種方式——「向自己傳遞關愛」。

### 練習指南

找到舒適的姿勢，可以睜眼或閉眼，以你最輕鬆自在的方式進行。

在上一個練習「自我接納」中，我們意識到身體中存在的痛苦。無論痛苦以何種形式出現，比方說憤怒、恐懼、悲傷、沮喪、孤獨、緊張、沉重等等，你都覺察

到它的存在。而在本練習，就跟前一項練習一樣，不會刻意讓痛苦消失。你要深刻接納自己，接受你正經歷的一切。現在，請描述你所承受的痛苦感受。

接下來，請將手擺在心口、臉頰兩側或任何覺得舒適安心的地方。看看你是否能在此時此刻將愛與慈悲的能量引導給自己，特別留意體內感到痛苦的地方。不妨對自己說：「我看到你正在受苦，我在這裡陪你。」用這種方式練習時，請留意身體出現的感覺，把你注意到的感受寫下來：

_____

_____

_____

_____

_____

- 你有覺得自己放鬆下來嗎？
  - ☐ 有
  - ☐ 無
- 你有感覺緊繃嗎？
  - ☐ 有

□無

- 你有覺得輕盈嗎？

　　□有

　　□無

- 你有注意到其他感覺嗎？

　　□有

　　□無

是什麼感受？_____

（注意：如果這項練習目前對你來說起不了作用，請改做「練習4：治癒過去的傷痛」。）

繼續集中注意力，讓體內的正向情緒變得越來越強烈。

持續練習1到3分鐘。

現在試著對自己說以下短句。如果這些短句起不了作用，可以嘗試其他句子。

- 願你快樂。
- 願你健康。
- 願你平安。

- 願你被愛。

紀錄你體內的正向感受是否變得更強烈，或有無任何變化。

- 變得更強烈？
  ☐ 有
  ☐ 無
- 有所改變？
  ☐ 有
  ☐ 無

若有改變，請描述是什麼樣的改變。

_____

_____

_____

_____

_____

繼續練習5到10分鐘。

前面這些練習有帶給你強烈的正面感受嗎？

- 如果有，請用剩下的訓練時間，繼續練習。
- 要是沒有，請嘗試「練習4：治癒過去的傷痛」。

# 練習4：治癒過去的傷痛

如果面前有一棵高齡100歲的樹，我們能看出其中包含了年齡50歲的樹木。只要數算年輪，就能清楚找出在這棵100歲的樹當中，哪一部分是屬於50歲的樹。我們能清楚看到20歲和10歲樹齡的樹，都具體存在於100年樹齡的樹中。

人類也是如此。我們的每次經歷都紀錄在互相連結的大腦神經網絡中。如果過去經歷依然以某種形式影響著我們，那是因為在那段經歷中建立的連結還具體存在大腦中。大腦成像技術或許能在未來的某一天變得更精確清晰，能讓我們看出5歲被哥哥姊姊欺負的經歷儲存的位置，或是10歲時被鄰居家的狗咬傷的創傷記憶

點。

正因如此，人們也有辦法治癒過往經歷。我們無法改變過去發生過的事，但能改變事件對我們造成的影響。樹木年輪的比喻說明過去經歷如何重現在我們身上，因為過往的印記還留存在體內。我們能去了解這些經歷儲存在大腦中的方式，並加以改變。

其實，神經科學家已經證明，改變過往痛苦的關鍵，就是在慈悲與關懷自己的**同時**，與痛苦接觸。這會在大腦中啟動一個名為「記憶再鞏固」（memory reconsolidation）的過程，直接改寫你對過去經歷的情緒反應。記憶沒有被抹去，只是有所改變，並且不會再造成痛苦。

要達到這種深層的轉變，我們需要同時接觸過往的傷痛並給予自己關愛，兩者必須同時發生。

- 倘若只是喚醒痛苦、但沒有好好關愛自己，那就等同於不斷反芻創傷，只會導致痛苦加劇。
- 如果只是關照身心、但不面對痛苦，那就像練習7或8一樣，雖然能培養喜悅、調節情緒，卻不能改變現狀。

- 將痛苦與關愛相互結合，就能帶來深刻的轉變。

這個練習的目的是治癒和轉化過去的傷痛。

案例
分享　**療癒你的內在小孩**

　　達雷爾小時受到父母情感虐待，他現在飽受不安全感與自我批評的折磨。開始練習自我疼惜時，他會直面內在的不安全感，那是一種覺得自己不斷萎縮、想哭的感受。他深呼吸幾次，並去感受這種身體的知覺，單純去體驗和感覺。然後，他回想自己第一次有這種感覺的情境。他記得很小的時候（應該5歲左右），父親對他大吼大叫，母親正眼都不看他一眼。回憶起那個畫面，他身體的感受更加強烈。

　　現在，他想像自己站在這位悲傷、孤獨的5歲男孩身邊，感覺心中湧起一股慈悲之情。他告訴小男孩他是完美的，父母之所以這樣，是因為他們還

沒有學會如何善待別人。這不是小男孩的錯。他向小男孩表示自己非常愛他，並且希望幫助他。小男孩似乎放鬆許多，達雷爾花了將近1小時的時間來感受自己與小男孩的這種連結。結束練習時，他發現內心感到深刻的平靜。

## 練習指南

找到舒適的姿勢，可以睜眼或閉眼，以你最輕鬆自在的方式進行。

覺察此刻你內心的痛苦。無論痛苦以何種形式出現，例如憤怒、恐懼、悲傷、沮喪、孤獨、緊張、沉重等等，都覺察到它的存在。在這項練習中，你不會試圖讓痛苦消失。你打從心底深刻接納自己，同時也接受正在經歷的一切。現在，請描述你所承受的痛苦感受。

_____

_____

_____

_____

_____

_____

_____

_____

_____

_____

_____

　　感受身體的痛苦時，問問自己：「印象中，我第一次有這種確切的感覺是什麼時候？」未必要是第一次，只要是你記得的第一次就可以。針對你想到的具體記憶或大致時間區段，寫下簡要的筆記：

_____

_____

_____

_____

_____

　　（注意：如果你開始覺得不堪負荷，請改做「練習8：培養喜悅」。）

　　想像自己在記憶當中的年齡，不要想著自己處於創

傷事件。相反的，只去想像自己在那個年齡的樣子。你
依然是現在的自己，而你正看著過去的自己。這個場景
中沒有其他人。看著從前的自己，注意過去的自己的表
情。留意你的感受，以及你想對以前的自己說些什麼。
寫下那些感受和你想說的話：

_____

_____

_____

_____

_____

_____

_____

_____

_____

　　（注意：如果你的感受或言語是關愛且慈悲的，請
繼續這項練習。但是，要是你對過去的自己感到憤怒、
苛責或漠不關心，請改做「練習6：難以建立自我疼惜

時」。）

　　現在，向過去的自己表達關愛。你可以說出你的感受，或以其他方式互動。舉例來說，可以考慮一下告訴從前的自己，他或她是可愛的、不該受到不好的對待。或者，你也可以想像一位象徵無窮慈悲的人，向以前的自己表達疼惜。留意過去的自己是如何回應。他或她是否接受這種愛？看起來防衛心很重或試圖爭吵嗎？簡單描述一下互動過程：

---

---

---

---

---

　　繼續與過去的自己對話，直到你確信他或她接收到你的愛與同理。然後，持續用你覺得最有力量的方式傳達關懷。表達關愛時，留意身體感受。

　　繼續練習5到20分鐘。

　　持續想像過去的自己，試著說出以下短語。如果這些短語對你來說沒有幫助，可以改成其他短語。

- 願你快樂。
- 願你健康。
- 願你平安。
- 願你被愛。
- 你非常討喜可愛。
- 你不該受到不好的對待。

如果這些短語讓你感受到更強烈的愛與同理，那繼續練習5到10分鐘；要是沒有，可以用你自己的方式，對過去的自己表達關愛。

## 問問自己……

在這兩項練習中，你是否有強烈的正向體驗？

- 如果有，請用剩下的訓練時間，繼續練習。
- 要是沒有，請試試看「練習5：深入探索」。

# 練習5：深入探索

我的冥想導師一行禪師用母親抱著新生兒的形象，來描述正念練習。而我們可以學習如何將這種溫暖與愛的意象，帶入自己的感受中。

雖然這種愛的意象常常能夠治癒和改變我們，但有時我們也需要更深入去感受。

舉例來說，嬰兒哭泣時，母親將嬰兒抱起，滿懷著愛、全心全意地抱著他，嬰兒可能會馬上感覺好些。但有時光靠關愛是不夠的。如果嬰兒還在哭，父母就要想辦法找出問題。他是餓了、尿布濕了、累了，還是其他原因造成的？這是一個積極探究的過程，去找出嬰兒不舒服的原因。了解原因之後，父母自然會採取行動去解決。正念練習也是如此。

雖然有時光以關愛之心來擁抱痛苦，就能讓人感覺好些。但有些時候，我們需要解決更深層次的問題。在這種情況下，就需要練習如何積極深入探索，努力深入痛苦的根源。有更進一步的認識之後，我們就能找到最有效的解決方法。

而主要有三種練習方式，可以對情緒的根源進行更

深入的探討，後文也會逐一介紹：

一、**傾聽身體的痛苦**：我們透過身體感受，去接觸內在的痛苦。在以接納和關愛之心去擁抱痛苦之後，如果沒有感覺到任何變化，就要去體察身體感受，看看身體還有什麼需求是我們要留意的。尤其，若你常常是透過身體感受，而意識到痛苦，那就進行這項練習吧。

二、**傾聽過去的自己**：我們接觸到的，是正在受苦的過去的自己。嘗試向從前的自己傳遞愛與關懷之後，要是沒有感覺到任何變化，可以問「你需要我傾聽什麼呢？」如果你能與正在受苦的過去的自己建立連結，但並沒有在「練習4：治癒過去的傷痛」看到任何成效，可以進行這項練習。

三、**傾聽某部分的自己**：練習過程中，我們可能會注意到一些僵固的想法、雜念，或是對愛自己的抗拒。我們內心的某些部分一直在排斥我們嘗試的練習。如果你有這種感覺，請進行這項練習。

## 傾聽身體的痛苦

### 練習指南

找到舒適的姿勢,可以睜眼或閉眼,以你最輕鬆自在的方式進行。

覺察此刻身體當中感受到的痛苦。無論是什麼形式的苦,比方說緊繃、沉重、煩躁、麻木等等,都要去意識它的存在。注意這個痛苦是否位於身體的特定部位,還是無處不在。在這項練習中,你不會試圖讓痛苦消失。你要深深接納自己,接受你正在經歷的一切。現在,請描述你所承受的痛苦感受。

_____

_____

_____

_____

_____

_____

_____

然後，試著向身體中的這種感覺提問。在這個當下，你可能會覺得這項練習有意義，也可能覺得沒意義，但都沒關係。我們只是在實驗。你會對身體的感受提出幾個不同的問題，然後傾聽身體的回應。我們並不是用理智去回答這些問題，只是想看看當你針對身體的痛苦提出這些問題時，是否會有自發的回應。現在，再次覺察身體當中與痛苦相關的感覺，慢慢提出以下問題，並寫下你留意到的任何訊息：

- 你有透過哪些方法來試著提供協助？
- 你的主要任務是什麼？
- 你需要我傾聽什麼？
- 你需要什麼？

寫下痛苦傳遞給你的訊息：

_____

_____

_____

_____

_____

_____

_____

_____

_____

_____

## 問問自己……

　　在這項練習中，你的痛苦可能滿懷善意（像是：想要滿足你的需求、希望得到你的協助，或者試圖保護你），也有可能展現敵意。

- 如果接收到的是敵意，請進入「練習6：難以建立自我疼惜時」。
- 若你聽到的是需求或感受到善意，就帶著疼惜的心，與這部分的自己對話。

**跟內在孤獨的大石頭，說說話**

　　芭芭拉坐在冥想墊上，閉上眼睛。她將注意力集中在身體感受上，意識到體內深處有一種被石頭重壓的感覺。她快要哭出來了。芭芭拉已經試過這本手冊裡的練習2到練習4，但大石沉甸甸的感受依然存在。於是她詢問肚子裡的那顆大石頭：「你的任務是什麼？」她聽到體內的聲音說：「我沒有任務。」她試著問：「你需要什麼？」得到的回答是：「我不知道，我只覺得孤單。」

　　芭芭拉憑直覺將雙手擺在腹部，說：「我懂，我現在就陪著你，無論你想說什麼我都會聽。」這時，一股巨大的悲傷和孤獨感湧入她體內，她感覺石頭融解了。不過，芭芭拉並沒有被淹沒，而是允許自己去感受這些感覺。在接下來的20分鐘，她緩慢地重複：「我聽到你說感覺很孤獨。我現在就陪著你，我會傾聽你想告訴我的所有事。」最後，她感到悲傷逐漸消失，留下的只剩甜蜜的平靜與安適，這是她從未感受過的。

## 傾聽過去的自己

### 練習指南

　　找到舒適的姿勢，可以睜眼或閉眼，以你最輕鬆自在的方式進行。

　　覺察此刻體內的痛苦。用十次呼吸的時間，來感受體內的感覺，不要試圖改變。現在，回想一下記憶中第一次有這種感覺是什麼時候。同時，在腦海中清晰勾勒出那個年紀的自己，仔細觀察過去的自己的表情。特別去留意當你與過去的自己處在同一個當下時，內心出現什麼樣的感受。試著去說：「我是來傾聽你的。」如果過去的自己有所回應，請將回應寫下來：

_____

_____

_____

_____

_____

_____

_____

_____

_____

_____

　　現在，你要詢問過去的自己一些問題。在這個當下，你可能會覺得這項練習有意義，也有可能覺得沒意義，這都沒關係。我們只是在實驗。你會對從前的自己提出幾個不同的問題，然後傾聽身體的回應。我們並不是用理智去回答這些問題，只是想看看當你針對以前的自己提出這些問題時，是否會有自發的回應。現在，慢慢向過去的自己提出以下問題，並寫下你聽到的任何回應：

- 你感覺如何？
- 為什麼會有這種感覺？
- 我能幫你做些什麼嗎？
- 你是如何讓自己保有安全感的？
- 關於保有自我的安全感，你有什麼想要告訴我、或希望我怎麼做嗎？

寫下過去的自己對你說的話：

_____

_____

_____

_____

_____

_____

_____

_____

## 問問自己……

面對樂於傾聽的你，過去的自己是否領情？

- 如果是，只要覺得有幫助，就繼續與過去的自
  己對話。一旦從前的自己現在似乎更願意接受
  你的慈悲，可以嘗試回去做「練習4：治癒過去
  的傷痛」。

- 萬一過去的自己自我批評了起來，或者對你的

善意並不領情，請進入「練習6：難以建立自我
疼惜時」。

---

（案例分享）**有我在，「你」不用擔心**

　　美迪亞試著向6歲的自己表達愛與關懷時，小
女孩似乎不信任她的感情。美迪亞繼續觀察，問小
女孩：「妳害怕嗎？」女孩說：「是的。」然後美
迪亞問：「妳都怎麼做來讓自己有安全感？」女孩
說如果自己放鬆戒備，就會有人攻擊她。美迪亞表
達同理，說聽到有人對她如此殘忍，實在讓她覺得
非常難過。接著，美迪亞說她（成年的自己）有能
力阻止任何人傷害小女孩。聽到這些話，6歲的美
迪亞開始願意相信別人。小女孩放下戒心後，美迪
亞又再次對她表達愛與關懷。這樣練習25分鐘
後，美迪亞感到精疲力竭，睡了長長的午覺。醒來
時，她覺得自己的感受出現深刻的變化，變得比以
往都更有自信。

---

## 傾聽某部分的自己

### 練習指南

　　找到舒適的姿勢，可以睜眼或閉眼，以你最輕鬆自在的方式進行。

　　當你開始關注身體感受，請留意任何可能出現的想法、干擾或是抵抗。請覺察內心的干擾與抗拒是以何種形式出現。試著對自己說：「有一部分的我不想以這種方式練習自我疼惜。」如果你覺得這句話成立，請允許自己與這部分的自我接觸。你可能會覺得他位於身體的某個部位，或者具有某種型態或顏色。當你與這個部分接觸、感受到他存在的同時，問問這個部分的自己：「你的任務是什麼？你如何提供協助？」寫下你觀察到的任何回應：

_____

_____

_____

_____

_____

_____

_____

_____

_____

_____

**問問自己……**

　　你能看出這部分的自己所懷抱的善意嗎（比方說，想保護你或不讓你覺得太痛苦）？

- 如果可以，繼續與之對話。試著與自己的這個部分產生共鳴，協助他理解你的觀點。繼續練習直到這次練習時間結束。
- 要是沒有聽到任何回應，或這個部分的自己對你懷抱敵意、持批評態度，請轉而進行「練習6：難以建立自我疼惜時」。

## 溫柔傾聽，內在部分會告訴你……

科里試圖向內心的痛苦傳遞關愛時，一直為自己感到羞愧。他知道自己非常需要自我疼惜，因為他很確定自己批評女朋友的習慣，是源自於內心深處缺乏安全感。他想在人際交往中變得更友善，所以很積極練習。不過，在他試圖向自己表達愛與關懷（或想像別人這樣做）的時候，內心的不安全感變得更強烈。

於是，他開始練習傾聽內在部分。他詢問缺乏安全感的自己：「你的任務是什麼？你是怎麼提供協助的？」他馬上就明白，自己的這個部分其實努力保護他、不讓他被嘲笑。科里聽到的第一個回應是：「如果有人看到你這樣做，他們會嘲笑你。」

科里認為這是一種保護反應，而不是敵意態度，所以試著與這個部分對話。他想前一任女友如果看到自己在冥想、與自己的感受建立連結，一定會很高興，所以他就問那個部分的自己：「你認為每個人都會笑我，還是只有某些人。」那個部分回答：「所有重要的人都會。」他停頓一下，想想誰

會笑，然後將父親排在第一位。他又問：「你害怕爸爸看到我們會怎麼想嗎？」然後他突然覺得全身湧出一股恐懼感，還聽到他說：「是的。」

　　科里每年只去探望父親一兩次，他們幾乎不說話。科里反思自己剛才跟內心對話時得到的資訊，決定不再把父親的意見當成人生的指引。他再次對那個部分說：「爸爸確實會笑，甚至會生氣，但他就是個老糊塗。如果我一直試著取悅他，就永遠找不到愛。」接著，一股混合著恐懼、興奮和釋然的情感洪流，湧入科里體內。他練習自我接納，讓自己毫不抗拒地感受這些情感。帶著這些情緒坐了35分鐘後，他終於感到平靜和無畏。他將手放在心口，向自己傳遞關愛的能量，絲毫不擔心別人會怎麼想。感覺更平靜時，他甚至覺得沒必要罵爸爸是個老糊塗。他看得出爸爸很痛苦，也很孤獨。而當他能以更慈愛、疼惜的方式與自己共處之後，自然也能對父親抱以關懷與同理。

# 練習6：難以建立自我疼惜時

自我疼惜可能很難，但根據我的經驗，基本上都是可達成的。任何感受自我疼惜時，會遇到的挫折都有辦法克服，祕訣其實超簡單。我們要學會用關愛與理解去接受**「挫折」本身**。

在疼惜練習中，其實沒有所謂的敵人。我們是和平使者，致力於找到理解和包容內心產生的想法、感受與知覺的方法。這可能不容易，但總比不斷與自己交戰還要簡單。我們首先要有意識地休兵停火。

確切來說，這並**不是**被動向自己最黑暗的部分投降。我們不會屈服於自我憎恨或絕望，也不允許這部分的自己控制我們。但我們也不會試圖消滅自己的這個部分。我們已經曉得，對內心的恨意感到厭惡，只會製造更多憎恨。最後，我們會發現這部分的自己，就像愛哭的孩子。他並不理智，也不該主導任何事情。相反的，他需要的是愛、理解，以及修復破碎關係的承諾。這就是在我們與自己的關係當中，練習用積極、非暴力的方式化解衝突。

越是了解自我疼惜會遇到的問題，就越容易改變。

基本上，問題有兩大類：**心力交瘁**和**互相衝突的意念**（competitive commitment）。

## 心力交瘁時，怎麼辦？

「心力交瘁」是兩大類問題中，比較容易克服的。因為這主要靠休息與調養來解決。畢竟，面對痛苦需要龐大的能量。如果不補充內心的喜悅和慈悲，就會耗盡氣力、精疲力竭。如果你正在經歷無法控制的悲傷與絕望，或無法清醒覺察痛苦，那你可能已經不堪負荷了。

而應付這種困境的第一步是讓自己脫離壓力，身心能夠好好休息。讓身體休息可能代表要好好補眠，或是從事休閒娛樂、到大自然中重新充電。如果你以前在做某些事情的時候能夠恢復精力，感覺更專注踏實，那就去做吧。在這段時間，你必須停止去擁抱內心的痛苦。相反的，要留一段時間來專注做「練習7：自然的自我疼惜」和「練習8：培養喜悅」。

如果休息夠了，也試過這兩項練習，但還是難以感受到平靜與喜悅，那你可能是面臨互相衝突的意念（接下來會解釋）。

## 「你當然沒瘋。」面臨互相衝突的意念時……

　　與心力交瘁相比，互相衝突的意念造成的問題更棘手。但如果能克服，我們就能體會更徹底的蛻變。互相衝突的意念指的是我們看似非理性、自我毀滅的行為模式。我們可能會批評自己、責怪自己，或拒絕接受真正能幫助我們的事情。然而，當我們更深入審視自我，就會發現這些負面或破壞性的面向，其實很痛苦，而且非常需要同理。

　　每個人都有許多不同面向。比方說，我們有可能被某樣東西所吸引，同時又感到害怕；我們也許想要某樣東西，同時又不想要。這種矛盾心理不代表大腦出了問題，也不代表你有心理疾病。這在正常的大腦運作中，其實是非常重要的部分。

　　科學家現在已經知道，我們的大腦會同時執行許多不同功能。大腦當中可能有超過幾十億個不同的流程正在跑：大腦正在調節你的心跳、維持平衡感、發揮免疫系統功能、尋找會對生存構成潛在威脅的事物、將視網膜上的光線轉化為字母、將字母轉化為文字和想法，還有測試這些想法與你的生活經歷有何連結。人類大腦真

的很奧妙。

在理想情況下，所有這些運作過程都能和諧進行。在這種狀態下，你會覺得自己的思想和感覺同步一致。但我們的想法和感受常常會互相抵觸，進而產生各種問題。

舉個例子來說明我的意思：

米切爾來找我治療時，已經和憂鬱症搏鬥了很長一段時間。他讀過幾本自助書籍，也看過幾位心理治療師，但病情都沒有顯著改善。他還是很想要好起來，也很願意嘗試任何建議。

和米切爾討論病史的時候，他說在成長過程中，當他狀態好的時候，家人不太會去關心他；但他情緒低落時，他們就會熱切照顧、關心他。我一聽到這裡，腦中就閃過「互相衝突的意念」這個詞彙。

哈佛大學心理學家羅伯特・凱根（Robert Kegan）提出「互相衝突的意念」的概念，來描述一個人的不同面向具備的相異需求。在米切爾的案例中，他內心的**某部分**確實希望自己能好起來，但我懷疑**另一部分**的他（他不曉得自己有這個面向），可能也很害怕自己的憂鬱症狀會消失。

米切爾顯然沒有意識到，自己其實想要繼續憂鬱下去。他堅定地說如果能讓自己感覺好一點，什麼事他都願意做。不過，當他指出自己以前只有在憂鬱時能得到他人關心，我不禁懷疑他內心深處依然認為，憂鬱是獲得愛的好辦法。要弄清楚這一點，唯一的辦法就是實際分析他所經歷的體驗。所以，我用本章後段會介紹的練習，來進一步釐清狀況。

我請米切爾去感受憂鬱，用身體去感覺那種狀態。他形容這是一種身體往下沉的感覺，他想要躺下。有了這種感覺之後，我請他跟我一起接句練習。我先給一個句子的前半段，再請他用腦海中冒出的想法，來完成句子的後半段，就算接起來沒有意義也沒關係。我說：「請把這句話接起來：『我沒辦法放下憂鬱，要是我放下了……』並說出你腦中閃過的任何念頭，我們會這樣練習幾遍。」

米切爾說的第一句話就證實我的猜測。他說：「我沒辦法放下憂鬱，要是我放下了，我就會消失。」他對這句話感到非常驚訝，所以我請他大聲重複幾遍，看看他是否依然覺得這句話是真的。他說：「好不可置信，但我的感覺是真實的。有一部分的我認為如果我停止憂

鬱，就不會有人關注我。我是瘋了嗎？」

我說：「你當然沒瘋。那是因為在你成長的家庭中，這就是事實。要是你不憂鬱，家人就不會再關心你。儘管你心中有很大一部分的自己希望能停止憂鬱，但聽起來好像還有另一部分的你認為，**只有**自己憂鬱才能得到他人關注。這很正常，我們只需要讓另一部分的你理解，其實你已經沒有和家人一起生活了。所以以前管用的策略現在起不了作用。」

我請他再重複那句話幾次（「我沒辦法放下憂鬱，要是我放下了，我就會消失」），並且告訴我他在說這句話的時候，感覺自己是幾歲。他說他覺得自己大概7歲，所以我請他想像自己是7歲大的男孩。腦中有清晰的小男孩形象之後，我們告訴那位小男孩說，他能想辦法在家中滿足自己的需求，是很**值得驕傲**的事。畢竟發現「深陷憂鬱」是獲得關懷與愛的好方法，這需要很多智慧。小男孩很高興我們肯定他的優點。然後我們告訴他，並不是每個人都像他的家人一樣。那位7歲大的孩子很震驚，他一直以為只有在憂鬱狀態下，旁人才會關注他。我們告訴他當他**不憂鬱**的時候，大家其實**更愛**他。我們繼續對話，直到那位7歲大的男孩看起來理解

並相信我們。

這對米切爾來說是一次非常深刻的蛻變。在我們合作之前，他對自己的憂鬱無能為力。他認為自己拼命想改變，但沒有足夠的力量去改變。然後他探索出自己也不曉得的內在面向，而這個面向出於上述**關鍵原因**，緊抓著憂鬱不放。

心理學家與內在家庭系統療法（Internal Family Systems）創始者理查·史華茲（Richard Schwartz）將這部分的自我稱為**管理者**。其任務是保護米切爾，讓他保持憂鬱，這樣別人才會繼續關心他。他越是想要擺脫憂鬱，這個部分就越是要保護他。他內心陷入掙扎，因為他沒有意識到這個部分的存在。

找出米切爾的這個部分時，我們並沒有加以懲罰或責備，而是表達同理心。我們努力表達感激之情，謝謝這部分的他認為自己是在做重要的工作。接著，我們透露一個這部分的他顯然不曉得的重要訊息：當你不再憂鬱，很多人還是會關心你。

以下是找出內在衝突源頭、並與自己好好對話的主要步驟（我稍後會提供指導，來帶大家自己試試看）：

一、與你的痛苦、或任何讓你難以自我疼惜的因素建立連結，用你的身體去感受它的存在。

二、用一些探詢式的練習（比方說接句練習），來協助那部分的自己釐清「為什麼他覺得那個障礙必須存在」。

三、找到**原因**、知道**為什麼**那部分的自己想要阻止你疼惜自我之後，試著判斷那部分的自己年紀多大。你可以複述自我疼惜之路困阻重重的原因，並去覺察自己在說那句話的時候年齡多大。

四、想像一下自己在那個年齡的樣子，並坦言那個阻力因素在當時是很實際的策略。

五、向年幼的自己解釋為什麼那個策略現在不管用。


每次我跟一群人介紹互相衝突的意念時，通常會碰到兩種反應。有些人會說：「哦，沒錯，這很有道理。」有些人則說：「這聽起來太不現實了，我絕對不可能會有這種情況。」我並不期待大家會因為發展自我疼惜不順，就相信自己身上存有互相衝突的意念。不過，歡迎大家透過後文的練習，自己判斷一下。

而要應對互相衝突的意念，包含以下兩大重要概念：

一、有一部分的自我認為，抓著問題不放、所以無法以善意、關心和同理心對待自己，比放下這個問題**更要緊**。這部分的自我認為，讓障礙橫亙在前，是為了達成**重要目的**。

二、我們並不是要除掉你心中那個守著問題不放的自己。反之，我們要理解為什麼那部分的你，會認為自己的任務這麼重要。我們希望用同理心來待之，並以關愛的方式來溝通。

以下是幾種常見的自我疼惜障礙。在你試著練習溫柔待己時，可能就經歷過其中一種或多種。

- 當你想像過去的自己時（通常是小時候的自己），會把痛苦歸咎於過去的自己。
- 當你想像過去的自己時，過去的自己不相信不用為你的痛苦負責。
- 在你內心深處，有個聲音對你充滿敵意或批

評，而你一直無法與這個聲音和解。

● 試著自我疼惜時，身體感受到強烈痛苦。

以下是大家陷在自我批判裡的常見原因。仔細閱讀每一項，看看有哪一項符合你的狀況。

● **保有關係連結**：要是我意識到自己不該受虐，那我父母就會變成可怕的人。但如果我活該被虐待，就能繼續維繫與他們的關係。

● **產生自己「有掌控權」的錯覺**：如果被虐待是我的錯，那我就能透過變成更好的人來控制它。但萬一責任不在我，那就完全不在我的掌控內，這很可怕。

● **維護公平信念**：如果我不需要為虐待負責，那在我生活的世界裡，好人有可能在沒做錯事的情況下受傷害，這感覺太不公平了。

● **保護關係**：一旦我認為自己值得被愛，那我生命中某個重要人物就會拒絕我。那個人認為我不該被尊重，如果我不認同，那個人會無法容忍我。

- **逃避生活責任**：如果我知道問題不在自己身上，我就要為自己的生活負責。而相信自己是破碎殘缺的，才能迴避責任。

## 練習指南

注意：在練習過程中，萬一你在中途情緒失控，請停下來休息。可以利用「練習7：自然的自我疼惜」與「練習8：培養喜悅」來調節強烈的情緒。如果能在經過訓練的心理健康專業人士指導下練習，效果也會很好。

找到舒適的姿勢，可以睜眼或閉眼，以你最輕鬆自在的方式進行。

你之所以做這項練習，是因為在自我疼惜上遇到問題。寫下這個問題的形式，比方說強烈的自我批判意念，或因受到不當對待而自責：

---

---

---

---

_____

_____

_____

_____

_____

現在，讓自己去接觸這個問題。如果這個難題是在
想像的意象化練習中出現，請再做一次意象化練習。做
任何能讓這個阻力因素出現的事情。我們不希望你不堪
負荷，但這個阻礙必須清楚強烈到能讓你感受到其存
在。問題出現時，寫下你覺察到的身體感受：

_____

_____

_____

_____

_____

當你了解自己遇到的問題和身體感受後，試著對自
己說這些句子，看看感覺起來是否真實：「有一部分的

我不想結束這種感覺，不想停止這樣對待自己。有一部分的我想要繼續這樣下去，有一部分的我認為，這是我應得的。」如果有哪句話反映了你的心聲，請寫下來。同時，寫下你想到的其他念頭：

---

---

---

---

---

繼續感受你身體出現的感覺，並與這部分的自己有所連結。試著對自己說：「我準備好傾聽你了。你可以告訴我你的任務、你想做什麼，以及為什麼這件事如此重要。我不會攻擊你。」把你想到的都寫下來：

---

---

---

---

---

_____

_____

_____

_____

現在請完成接句練習。寫下你腦海中出現的任何想法，至少寫五次。完成以下句子：

「我拒絕給予自己愛和關懷，因為如果我這樣做……」

第一遍：_____

_____

_____

「我拒絕給自己愛和關懷，因為如果我這樣做……」

第二遍：_____

_____

_____

「我拒絕給自己愛和關懷，因為如果我這樣做
……」

第三遍：＿＿＿＿＿＿＿＿＿＿＿＿＿＿＿＿＿

＿＿＿＿＿＿＿＿＿＿＿＿＿＿＿＿＿

＿＿＿＿＿＿＿＿＿＿＿＿＿＿＿＿＿

「我拒絕給自己愛和關懷，因為如果我這樣做
……」

第四遍：＿＿＿＿＿＿＿＿＿＿＿＿＿＿＿＿＿

＿＿＿＿＿＿＿＿＿＿＿＿＿＿＿＿＿

＿＿＿＿＿＿＿＿＿＿＿＿＿＿＿＿＿

「我拒絕給自己愛和關懷，因為如果我這樣做
……」

第五遍：＿＿＿＿＿＿＿＿＿＿＿＿＿＿＿＿＿

＿＿＿＿＿＿＿＿＿＿＿＿＿＿＿＿＿

＿＿＿＿＿＿＿＿＿＿＿＿＿＿＿＿＿

從前面的接句練習中，選擇一到兩句對你來說情感
力量最強烈的句子。大聲複述或默念幾遍，去覺察你在

朗誦這些句子時感覺自己**幾歲**。寫下你的感覺（如果有具體場景，也請寫下來）：

_____

　　想像自己在那個年齡的樣子。腦中對當時的自己有了清晰的形象之後，花幾分鐘時間試著理解和同理這部分的自己。你能看出這部分的自己是透過什麼方式在幫助你，或滿足你的重要需求嗎？你可以與過去的自己對話，提出任何你覺得重要的問題，來了解這種信念、感受或行為的關鍵目的。明白這點之後，請體認這在當時是很實際的策略，並讚美從前的自己，謝謝他過去完成的重要任務。把你注意到的感受或想法記下來：

_____

_____

_____

_____

_____

_____

_____

現在告訴這部分的自己，他所不曉得的重要事實。例如，如果要讓這部分的你了解到，他不必阻止你疼惜自我，他需要知道什麼？（通常跟「如今的生活，已經和以前很不一樣了」有關）繼續與這部分的自己對話，直到達成共識。只要能讓這部分的自己知道，你理解他的想法、明白他**為什麼**覺得這項任務這麼重要，並且能夠說服他不需要繼續堅持下去，他就不會再去阻止你好好疼惜自己。盡量花時間去溝通，把後續發生的狀況寫下來：

_____

_____

_____

_____

_____

_____

_____

_____

_____

_____

_____

## 問問自己……

你是否有發現，某個部分的自己有意阻止你疼惜自我？

- 若有發現，你能否與這部分的自己產生共鳴？
  一、如果可以，請繼續給予這部分的自己愛與關懷，至少10分鐘。
  二、要是無法產生共鳴，請休息一下，或花時間進行「練習8：培養喜悅」，然後再嘗試練習一次，或在經過訓練的心理健康專業人士指導下進行。
- 如果你無法覺察，請在經過訓練的心理健康專業人士指導下，進行這項練習。

## 練習7：自然的自我疼惜

自然的自我疼惜練習，有以下幾種運用方式：

- 能夠鍛鍊大腦的「關愛迴路」，提高你的同理關懷能力。就像做伏地挺身練肌肉那樣，把「關愛迴路」練壯練大。
- 這也是一種初步練習，讓你準備好向自己表達關愛。當自我疼惜變得困難時，這種練習會比較好入門。
- 如果你在任何情況下感到不堪負荷，也可以用這項練習來穩定自己、調節強烈的情緒。不管這些情緒是在自我疼惜練習中產生、還是日常生活中出現，這種方法都管用。

而自然的自我疼惜練習，有三大類：

一、**發送練習**：選定一位接受者，可以是人、動物或任何事物，並向其發送愛和關懷。

二、**接收練習**：我們想像一個對象，可以是認識的人、宗教人物，或者是大自然中的一個形象，想像他們愛我們、接納我們。

三、**發送和接收練習**：選定一位對象，在呼吸時發送和接收關愛，請交替進行。吸氣時接收關愛，呼氣時

發送關愛。

## 發送練習

### 練習指南

　　找到舒適的姿勢，可以睜眼或閉眼，以你最輕鬆自在的方式進行。比方說，將雙手擺在心口，雙臂環抱身體，或是將雙手放在臉的兩側。

　　探索不同的對象，可以是人、動物或任何東西，直到你找到一個能讓你自然感受到溫暖與愛的對象。寫下你選擇的對象。也可以畫一張那個對象的插圖，或是找一張你可以拿著的照片或列印輸出影像：

_____

_____

_____

_____

　　現在繼續專注於你選擇的對象，讓形象更清晰。留意身體的感受。你有覺察到放鬆、緊張還是輕盈的感覺嗎？寫下你覺察到的身體感受：

_____

_____

_____

_____

（注意：如果你發現身體緊繃或有任何不適，請跳過此練習，改為「接收練習」。）

持續將注意力集中在那個對象上，讓體內的正向感受變得更加強烈。

（繼續至少十次呼吸。）

現在，試著對想像中的對象說以下短語。如果這些短語對你沒幫助，可以自行更改或使用其他短語。

- 願你快樂。
- 願你健康。
- 願你平安。
- 願你被愛。

多重複幾遍這些短語，讓體內的正向情緒自然而然變得更強烈。寫下你現在注意到的身體感受：

_____

_____

_____

_____

_____

繼續重複這項練習至少5分鐘。

**練習，用最溫柔的愛對待自己**

# 創造你自己的短語

有些人喜歡在發送練習中使用短語，有些人則喜歡各種形象化的方式。如果你偏好短語，可以使用文中建議的短語，也可以自行嘗試、創造對你來說最有影響力的短語。這邊提供一些建議：

- 願你平和。
- 願你自在。
- 願你喜悅。

- 願你知道你的需求很重要。
- 願你知道你是美麗的。

---

案例
分享

**療癒，從祝福的心念開始**

　　傑夫閉上雙眼，雙手擺在心口，在腦中想像自己養的狗。他讓畫面變得更清晰，並注意到胸口的放鬆、溫暖與開放。他在這個畫面停留幾次呼吸，然後開始默念以下短語：「願你快樂，願你被愛。」他一遍一遍重複，體內的正向感受也越來越強烈，他覺得眼淚快要滴下來了。他在這個畫面與短語當中停留20分鐘，讓自己實際享受這種關照、愛與和平的狀態。每當傑夫感到沮喪或挫折，他就會進行這項練習。每天早上他也習慣練習個10分鐘左右。

### 問問自己……

你有沒有在這項練習中，體會到強烈的正向感受？

- 如果有，請用剩餘時間繼續練習。下一次練習時，可以選擇從「練習1」開始，或者直接進入這項練習。
- 要是沒有，請嘗試「接收練習」。

## 接收練習

### 練習指南

找到舒適的姿勢，可以睜眼或閉眼，以你最輕鬆自在的方式進行。比方說，將雙手擺在心口，雙臂環抱身體，或將雙手放在臉的兩側。

試著想像一位對象，可以是認識的人、宗教人物、大自然的形象、動物或甚至是一道白光，這個對象能全然愛你、接納你。寫下你選擇的對象：

＿＿＿＿＿＿＿＿＿＿＿＿＿＿＿＿＿＿＿＿＿

現在繼續將注意力集中在那個對象身上，讓形象更

清晰可辨。留意身體的感受。你有覺察到放鬆、緊張還是輕盈的感覺?寫下你覺察到的身體感覺:

_____

_____

_____

_____

_____

_____

_____

_____

　　(注意:如果你發現身體緊繃或有任何不適,請跳過此練習,改為「練習6:難以建立自我疼惜時」。)

　　持續將注意力集中在你的對象上,讓體內的正向感受變得越強烈越好。

　　(繼續至少十次呼吸。)

　　現在想像那個對象對你說以下短語(如果這些短語對你沒幫助,可以自行更改或使用其他短語)。

- 願你快樂。
- 願你健康。
- 願你平安。
- 願你被愛。

想像對方說了幾遍這些短語，讓體內的正向感受變得越強烈越好。寫下你現在留意到的身體感受：

_____

_____

_____

_____

_____

_____

_____

繼續這樣練習至少5分鐘。

## 練習，用最溫柔的愛對待自己

## 我可以選誰，來向我發送力量和愛？

在這項練習中，你選擇的對象是生是死、是真實還是虛構的，都不重要。重點在於，其能有效啟動你大腦中的「關愛迴路」，並產生愛與慈悲的感覺。

案例
分享

### 閉上眼睛，感受深刻的寧靜平和

卡拉閉上眼睛，想像姨媽佩吉用充滿愛和理解的表情凝視著自己。她看到姨媽對她說：「願妳知道妳是被愛的。願妳平和與自由。」她感覺全身溫暖而輕盈。她全神貫注，讓這些感覺持續增強。練習5分鐘後，她感到深刻的寧靜平和。只要有空閒時間，她每天至少會進行四到五次這樣的練習。

## 問問自己……

你有沒有在這項練習中，體會到強烈的正向感受？

- 如果有，請用剩餘的時間繼續練習。在下一次練習中，可以選擇從「練習1」開始，或者直接進入這項練習。
- 要是沒有，請嘗試「練習6：難以建立自我疼惜時」。

## 發送和接收練習

### 練習指南

找到舒適的姿勢，可以睜眼或閉眼，以你最輕鬆自在的方式進行。比方說，將雙手擺在心口，雙臂環抱身體，或是將雙手放在臉的兩側。

想像一位讓你感到安全與舒適的人或動物，讓這個對象的形象變得更清晰。寫下你選擇的對象：

_____

每次呼吸，我們要在發送與接收關愛之間交替。吸

氣時，想像從這個對象身上接收關愛；呼氣時，想像向這個對象發送關愛。去體認你們雙方都有可能接收關愛，並且不互相競爭。寫下你覺察到的身體感受：

_____

_____

_____

_____

_____

_____

_____

_____

_____

_____

繼續練習至少5分鐘。

**展開想像，真的無比療癒**

　　馬丁在腦中想像4歲大的姪女。吸氣時，他感受到她非常愛他；呼氣時，他感覺自己很愛她。開始這項練習時，馬丁感覺很彆扭。他不習慣太親密的關係。他也想過要中斷練習，但決定堅持幾分鐘看看。幾次呼吸後，他發現身體慢慢放鬆，胸腔裡有一股溫暖的感受逐漸增長。5分鐘後，馬丁哭了，但哭著哭著也感受到強烈的治癒效果。他這樣練習40分鐘，對姪女出現在自己的生命中覺得越來越感激。第二天，當他有更多空閒時間，又這樣練習了近2小時。練習結束後，他覺得自己已經準備好回到「自我疼惜路線圖」頂端，並專注於療癒自己。

# 練習8：培養喜悅

　　快樂從何而來？真的有辦法刻意去培養喜悅嗎？幸福和快樂是運氣好、人生成就以及與生俱來的特質所

致，還是能透過練習與實踐來培養？

研究幸福感的正向心理學家得到壓倒性的結論：幸福感來自一套能明確定義的技能和態度。當我們培養慈悲、感恩、樂觀以及正念時，就會知道幸福其實存在於生活的每分每秒。說到底，幸福只有在當下才找得到。如果我們想在未來得到幸福快樂，最理想的辦法是在當下找到幸福快樂。

研究人員發現，滿足感和幸福感並不來自於得到我們想要的東西，像是財富、新車或成功的事業。事實上，即便是重大的外部事件，也只會短暫影響我們的幸福感。比方說，中彩券的人平均在中獎6個月後，就會恢復過往的幸福水平（對於生活貧困或在其他困境中掙扎的人來說，更好的物質條件對幸福感的影響更持久）。

所以，許多人在尋找幸福感時，顯然都把時間浪費在錯的地方了。我們認為只有解決了某個問題或實現某個目標，才有可能得到幸福。還有幸福是能在未來得到的東西，當下則不可能實現幸福快樂。但這種觀點妨礙了我們得到幸福，也是世上許多不必要的痛苦的根源。

與其透過改善生活中的外部條件來尋找幸福，反而

可以想：其實幸福來自於培養特定技能，並將注意力集中在這些技能的養成上。如果能強化發現當下美好事物的能力，幸福就不再那麼依賴生活中不斷變化的外在條件。

## 學會正念，可以幫助你找到快樂

正念的一大重要功能，是去擁抱和轉化我們的痛苦，這也是本練習手冊的重點。但另一方面，正念也可以成為快樂的泉源。

正念幫助我們喚醒當下已經具備的所有幸福條件。許多人喝茶或咖啡，卻從未細細品嚐個中滋味。煩惱和遺憾盤踞他們的心神。然而，懂得慢下來好好品茶的人，自然能發現茶的美好之處。無論是坐在樹旁，和朋友一起散步，還是在寒冷的早晨洗個熱水澡，只要懂得關注覺察，這些都是快樂的潛在來源。

## 悲觀的人比較理性和實際，真的嗎？

許多悲觀主義者覺得自己只是比較理性跟實際，但

事實恰好相反。悲觀看待生活是一種非理性的態度，我稍後會解釋為什麼。

如果你真的想要成為理性和務實的人，就得承認其實你不曉得未來到底會怎麼樣。事實上，我們根本不曉得2分鐘後，會發生什麼事。

有一則關於農夫的故事就清楚說明這點。有一次，農夫的馬跑了，鄰居都跑過來說：「真倒霉！」農夫回答：「或許吧。」幾天後，那匹馬回來了，還跟了五匹野馬。鄰居又跑過來說：「運氣真好！」農夫仍回答：「或許吧。」後來，農夫的兒子想騎其中一匹馬，卻落馬摔斷手臂。鄰居又說：「真是不幸啊！」農夫還是說：「或許吧。」結果，軍隊經過村莊，徵召所有健壯的年輕人去打仗，但農夫的兒子因為手斷了，所以得以留在家中休養。鄰居都說：「真是幸運！」農夫同樣說道：「或許吧。」

即便事件已經發生，我們也無法得知它未來會產生何種影響，所以唯一理性的觀點，是承認「我們不曉得」。不過，既然無法知道生活中的事件最後是好是壞，那相信事情會往好的方向發展，這也稱得上是一種實際的念頭。

如果你失業了，可以把它想成是一件好事。但並不是因為你能夠預測未來，而是因為這種樂觀的信念，能讓你在找工作時更有衝勁與熱情。另一方面，保持悲觀、把事情都往壞的方向想，這種念頭不僅不理智（畢竟你不知道到底會怎麼發展），通常也不實際，因為這往往會減損你的行動力。

## 加深幸福、調節情緒、找到平衡……來自我療癒吧！

這項練習有以下幾種用途：

- 如果你做完「練習1：自我疼惜身體掃描」後，感到平靜與放鬆，這項練習能協助你加深幸福健全的感受。
- 萬一你在練習過程中感到痛苦、不堪負荷，這項練習有助於你調節情緒。
- 這項練習能幫你在擁抱痛苦與培養喜悅之間，找到平衡。畢竟，過度關注痛苦，可能會耗盡你的精力。我們必須利用這項練習，來儲備你

所需的能量，才能替痛苦注入慈悲。

## 怎麼開心，就怎麼練習

你或許會發現，當你身處在美麗、親近大自然的所在，或是與其他人一起練習時，練習的效用會更強大。嘗試在不同環境中練習，找出最能協助你培養喜悅的場域。

## 練習指南

找到舒適的姿勢，可以睜眼或閉眼，以你最輕鬆自在的方式進行。

將注意力集中在氣息進出身體的感受上。試著從吸氣到吐氣，都持續關注這種身體知覺。

（練習三到五個呼吸。）

讓自己享受呼吸的感覺，意識到這是一種愉悅的感

受。允許自己在這個時候什麼事都不做，只去享受對呼吸的感知。此時此刻，你沒有其他事要做，也不需要去任何地方。帶著對自己慷慨的意念，享受呼吸的感覺。

（練習五到十個呼吸。）

呼吸時，感受體內的生命能量。此刻你擁有生命，這是一份珍貴的禮物。允許自己深刻感受生命的能量。隨著每次呼吸起伏，感受體內生命的力量流動。生命的每分每秒都無比珍貴，讓自己在呼吸中感受活著的喜悅。

（練習五到十個呼吸。）

接下來，想像一下，你住在安寧病房，只剩5分鐘可活。花點時間讓這種想像與感受變得更真實。然後，有人走進你房間，說他們能讓你多活24小時。這是個奇蹟！事實上，你**確實**還有24小時能活，這實在珍貴到不可思議。呼吸時，讓自己去感謝和讚美活著的每一刻。

（練習五到十個呼吸。）

然後，請覺察你所有健康、功能正常的身體部位。我們都有受傷或功能不佳的部位，但生命不止於此。你的身體還有很多部分是健全的，如果我們忽視現在擁有

的幸福快樂，那實在很可惜。你的眼睛能看到藍天嗎？
你的耳朵能聽到鳥兒的歌聲和孩子的笑聲嗎？你的舌尖
能嘗到溫熱的茶水嗎？你的身體能感受到愛人的擁抱
嗎？時時刻刻，我們都有無限的理由覺得痛苦，但也有
無限的理由去感受快樂。此刻，我們全心全意地關注生
活中的美好事物。呼吸的時候，請去回想生命中的美好
奇蹟。

（練習五到十個呼吸。）

現在，放下所有讓自己無法盡情享受當下生命的事
物。放下所有工作與忙碌。即使這些任務永遠無法完
成，幸福依然存在。我們放下過去和未來，因為明白生
命只存在於此時此刻。感覺自己徹底身處當下，放下所
有負擔，覺察生命的奇蹟。我們平靜專注地吸氣吐氣。

（練習五到十個呼吸。）

此刻，將注意力集中到身體感受上，注意任何緊
繃、放鬆、溫暖、開放等感覺。將你注意到的感受寫下
來。

_____

_____

_____

_____

_____

_____

_____

_____

_____

_____

_____

_____

## 問問自己……

透過這項練習，你是否能夠由衷產生快樂與幸福感？練習結束時，你的感受基本上都是積極正向的嗎？

- 如果是，可以透過這項練習，讓自己更能在生活中發現快樂。另一方面，當你專心擁抱痛苦時，也可以用這項練習來補充能量。
- 萬一不是，請進行「練習6：難以建立自我疼惜時」。

# 讓你的「喜悅感」大提升，還可以這樣做

除了前文提到的方法，還有其他幾種培養喜悅的方式，請試試看哪一種對你最有幫助。

## 幸福的人，懂得「放下」

找到舒適的姿勢，可以睜眼或閉眼，以你最輕鬆自在的方式進行。

留意身體當中任何緊繃或沉重的感覺，並具體地放下這種感覺。隨著每次呼吸，去感受體內的緊繃感逐漸消失。

現在問自己：「我覺得自己需要什麼才能快樂？我有缺少什麼自己需要的東西嗎？」用幾次呼吸的時間來聆聽自己，看看會出現什麼答案。

接下來，試著對自己說：「即便缺少這些，我也知道此刻是可能感到幸福快樂的。不必強求，時機成熟時，該發生的自然會發生。重點是，幸福早已在身邊。」放下你心中那種「期盼現實能有所不同」的渴望，試著對自己說：「幸福就在當下，就在此時此刻的世界，什麼都不需要改變。」

## 你可以，「無所事事」

找到舒適的姿勢，可以睜眼或閉眼，以你最輕鬆自在的方式進行。

吸氣和吐氣時，請停止手邊正在做的事。讓身體停下來，並輕柔地讓思緒停止運轉，別想著要完成任何事或解決任何問題。試著對自己說：「就在這幾分鐘內，我選擇什麼都不做。我可以等一下再試著去改變、解決或創造一些事。但現在，我可以什麼都不做。」繼續呼吸，將思緒放空。

試著說：「此時此刻，我就在這裡。我目前不需要去任何地方。我就在這裡。我現在什麼事都不做。生命中的所有事都可以等個幾分鐘，讓我好好休息、放空自己。沒有地方要去，也沒有事情要完成。」

記住，此刻你已經擁有幸福。你具備幸福所需的一切。你不需要做任何事情就已經掌握幸福了。

## 一花一世界，一葉一如來

找到舒適的姿勢，可以睜眼或閉眼，以你最輕鬆自在的方式進行。

將注意力集中在呼吸的知覺上，讓呼吸將你的思緒帶進當下。意識到幸福快樂所需的條件都已備齊，你就會放下任何掙扎或努力。一切都不需要被改變，讓心平靜下來。

　　現在開始覺察你的身體。意識到構成你身體的每一個分子在成為你的一部分之前就已存在。血液中的每一個水分子，都是透過你攝取的食物或飲料進入你體內。想像自己在喝茶。茶水還在杯裡的時候，並不屬於你身體的一部分。然後你將茶水喝進體內。現在，某部分的茶水成為你身體的一部分，進入到你的血液。早在水成為你杯中的茶水之前，它在其他地方也已存在了很長一段時間。它曾經是雨水、河流、海洋和雲朵，在水循環中流轉移動。現在，它在一段時間內成為你身體的一部分。當你吸氣和呼氣時，意識到你體內的每個分子都曾是土壤、石頭或海洋。構成你身體的所有元素先前都曾經是其他事物，而且也會再次成為其他事物。你會發現自己與大自然的其他部分，並不是分離或割裂的。

　　在有意識的呼吸中感到平靜、開放和踏實，意識到你的祖先就在你體內。你可以看到自己的身體是父母身體的延續。你眼睛的顏色、皮膚的色調、身高以及臉部

特徵，在你身上的所有部位都可以看到父母肉身的痕跡。

　　你有生理上的祖先，也有精神上的祖先。這些人教會了你和家人如何生活。所有這些祖先都存在於你的強項和能力當中。你能看出他們的長處和能力在你身上得以延續。你也發現他們的痛苦同樣存在於你身上。在許多方面，你的痛苦其實就是祖先痛苦的延續。我們能看出你的方方面面，都是前人長處與掙扎的遺緒。既然你已經接觸到這種蛻變式的疼惜練習，就有機會選擇，培養自己的長處和幸福感。你也可以擁抱並治癒從前人那邊承襲而來的痛苦。當你治癒這些痛苦，也就療癒了過去和未來的世世代代。

# PART
# III

## 讓未來每一天，
## 都寧靜而幸福

06　一步步練習，平靜寧和就在每一刻

07　從最簡單的小事開始，讓日子越過越輕鬆

08　爲關係，注入更多美好和幸福

# Chapter 6

# 一步步練習，
# 平靜寧和就在每一刻

如果你能連續14天，每天用30分鐘來練習自我疼惜路線圖，那已經是很了不起的成就了。花點時間慶祝你的成就吧。你為了自己的幸福，以及朋友、家人、同事和社會的福祉，投入非常大量的時間和精力。一定要好好慶祝生活中的美妙事物，不然就會和許多美好與幸福擦身而過。

許多因緣和條件促使你完成自我疼惜的練習。例如，受到家人、朋友的感染，養成你堅持不懈的毅力，並能認出什麼是對自己最有益的事。你或許經歷過一些損失或不幸，讓你想在人生中努力培養自我疼惜。各式各樣正面以及負面的經驗，以及你向許多人學習的成果，造就你如今具備的特質和長處。花點時間，反思一下協助你達成今日成就的各項經歷與每一位人物，在心中對他們懷抱感激。你可以用幾個呼吸的時間讓心靜下來，看看生命中的所有因緣條件，是如何帶領你往更自我疼惜的方向前進。

# 疼惜自己，是必須堅持的

現在，你已經完成14天計畫，可以想一想要如何將自我疼惜練習融入之後的生活。雖然科學家已經證實連續14天、每天30分鐘的練習，就足以讓大腦與行為產生明確可測的改變，但這只是讓大家體驗變化的開胃菜而已。科學家還表示，練習時間越長，自我疼惜訓練的益處就越大。這跟學習新語言或樂器一樣，只要投入越多時間和精神，就能在培養愛與關懷和自我疼惜上，得到更多收穫。

如果你跟我一樣，相信自我疼惜是具有無限潛能的特質，那就應該要將這項練習當成日常生活中的重要一環。時間一久，你可能會發現自我疼惜練習已經不只是日常生活的**一部分**，更像是貫穿整個人生的指導原則。雖然你開始練習的目的，或許是為了減輕憂鬱或改變特定行為，但練到最後，可能會變成以愛與關懷，回應自己和周遭的一切。

# 4大自我習練方法，從現在開始溫柔待己

決定讓自我疼惜練習成為生活中的重要一環後，下一步就是要創造適合自己的練習方式。我會介紹四大自我習練方法，而我也鼓勵大家從這四大方法中，分別找出適合的練習，融入每日生活。

## 讓每日正式練習，成為你生命中的重心

每日的正式練習能成為你生命中的重心。這種練習形式代表你每天會刻意留時間，來培養愛與關懷和自我疼惜。練習內容可以包含靜坐冥想、行禪、禱告、吟誦、研讀心靈成長或能帶給自己啟發的文章、打太極拳、做瑜伽或聆聽鐘聲。本練習手冊的第二部分提供系統性的日常練習指導。當然，大家也能加入其他形式的練習。如果能堅持每天進行20到30分鐘的正式練習，那已經很不錯了！

## 將自我疼惜，帶進生活的每一刻

我們也能在日常生活中的任何時刻培養自我疼惜，不光是在冥想時練習，走路、開車或洗碗的時候也能訓練。我們能將此視為非正式練習，而這跟正式練習一樣都能改變我們的生活。1942年，我的禪修導師一行禪師在越南出家時，得到一本小詩集。他必須熟記這些詩歌，而且每天都要背誦。起床有一首詩、穿袈裟有一首詩，洗臉也有一首詩，各種日常事件都有對應的詩作。他就是藉由這本書認識佛教僧團訓練的。這些詩歌提醒他，將正念與慈悲帶進生活中的每個行為以及每分每秒。他在《當下一刻，美妙時刻》（*Present Moment, Wonderful Moment*）這本書中，將這些詩作改編為現代詩歌。這首是起床詩：

> 今晨醒來，我臉上掛著微笑。
> 24個嶄新的小時迎接著我。
> 我發誓要徹底活在每個當下，
> 以慈悲之眼觀照眾生。[1]

透過這個簡單的例子，我們能了解如何將自我疼惜帶進生活的每一刻。想像一下，與其為了「洗乾淨」而洗澡，倒不如將洗澡當成送給自己的禮物。迎接淋浴間灑落的熱水之前，對自己說：「現在你能享受淋浴的時刻了。你沒有其他事要做，也沒有地方要去。」即便上班已經遲到，只能洗 5 分鐘的澡，這 5 分鐘也能是一種可以盡情享受的贈禮。

我在帶領靜修營的時候，會要求大家每天至少選擇一項活動，並針對這項活動寫一首小詩，來協助自己用自我疼惜的心態去做。不管是起床、發動汽車還是下班回家都可以。我們要思考如何以慷慨和慈悲的心態來完成這個動作，一邊朗誦自己的詩歌，在忙碌的一天中建立這種意識。

在我的生活中，最重要的一項練習，是在一天當中覺察自己身體的感覺。我會用幾個特定的動作（比方說站起來、坐下，還有談話結束），來提醒自己注意身體當前的情緒狀態。這項練習的目的是能全天觀察身體的緊繃、激動和沉重等感覺。其中的奇妙之處在於，我能在痛苦還非常微小、細微的時候就注意到它，進而更容易以愛與關懷，去擁抱痛苦。

## 靜修，完全與自己同在

靜修時最適合培養自我疼惜。我認為冥想靜修就像以沉浸式的方式來學習外語。從一天到數個月不等，你能在一段時間內，每天從起床到入睡都投入在自我疼惜練習中。

美國和世界各地有許多不同類型的閉關與靜修中心。而有些靜修是非常嚴格且儉樸的，比方說www.dhamma.org上的十天內觀靜坐。有些則相對奢華，像是伊薩蘭學院（Esalen Institute）或米拉瓦爾渡假村（Miraval Resorts）等等。我個人最愛的靜修地是梅村正念修習中心（Plum Village Monastery）和相關修行機構提供的閉關方案。這些單位是由致力於培養正念與慈悲的僧侶和比丘尼所經營，其中不僅包含靜坐冥想，還有唱歌、戶外散步，以及討論小組等。我相信每個人都能找到適合自己的修習方式，因此也鼓勵大家多多探索不同的靜修中心，才能找到真的能讓你舒適自在的環境。

如果你每年閉關一次（一天或時間更長），那非常好；要是沒有到修習中心體驗禪修，也可以自己在家閉

關一天。在這天，排除所有日程安排，除了冥想、閱讀、寫日記、禱告或瑜伽等，什麼都不做。每閉關一天，都能替你帶來無比強大的能量，這些能量會延續到你的日常練習中。有些人甚至每週會空出一天來休息閉關。

## 有相互支持的社群，很重要

有他人的支持，培養正念和關愛之心會更容易。畢竟，獨自練習時，我們必須靠意志力來避免被負面習慣所影響。相比之下，與志同道合的人一起練習，就能形成一股群體動力，讓我們與自己的價值觀和諧共處。

幸運的話，你可能會找到一個專門培養自我疼惜的冥想團體或教會團體，而且裡頭的成員相處起來都很舒服自在。美國各地有來自不同傳統的冥想團體。如果要找梅村傳統的冥想團體，可以到www.mindfulnessbell.org/directory/這個網站。這些團體大多會在某個人家進行集會，大家一起靜坐冥想、行禪和交流討論。話說回來，只要有一位朋友或家人，支持你發展自我疼惜的意願，這也對你大有幫助。

# 自我疼惜一點也不自私，因為……

　　我希望這本書介紹的練習能讓大家得到療癒、感到更自由自在。不過，這些練習充其量只是針對現有的各式正念與自我疼惜概念的入門介紹。我建議大家去探索一行禪師、臨床心理學家塔拉‧布萊克（Tara Brach）、正念權威導師雪倫‧薩爾茲堡（Sharon Salzberg）、自我疼惜研究領域先驅克莉絲汀‧娜芙（Kristin Neff）、正念與關愛疼惜領域執業心理治療師克里斯多弗‧葛摩（Christopher Germer）、慈悲焦點治療創始人保羅‧吉伯特（Paul Gilbert）和史華茲提出的方法與論述。找到自己信任的導師，這會對你在人生道路上前行時，帶來極大幫助。

　　話說回來，一行禪師提出的「交互共生」概念，對培養關愛之心特別有幫助。他創造「交互共生」這個詞，意指以一種特殊的方式來感知我們自己，以及去覺察我們是如何與比自己龐大遼闊的宇宙萬物相互連結。

　　畢竟，一旦抱持著「每個人都是座孤島，彼此疏離孤立」的想法，那當我們自我疼惜、善待自己時，不就很難關愛他人嗎？而交互共生的概念會指出，這是錯誤

的觀點。

　　我們能仔細體察一下你正在閱讀的這張紙，來理解「交互共生」的概念。這張紙可能看起來平凡無奇，但你知道它曾經是一棵樹的一部分。沒有那棵樹，這張紙就不可能存在。一行禪師會說，如果你懂得深入觀察，樹就在紙張中。

　　樹是由陽光、土壤和雨水所造就。沒有這些元素，樹就不可能存在，所以這些要素也同樣存在於紙張中。在某個時刻，這棵樹被砍伐並運到工廠，要是沒有紙廠的勞動者和他們的祖先，這棵樹就不可能變成紙。如果我們繼續沿著這條脈絡思考下去，很快就會發現宇宙中的萬事萬物都在造紙的過程中，發揮一定作用。一行禪師之所以說這是交互共生，因為他說任何事物都不可能單獨存在，必須與其他一切相互依存影響。

　　現在想想你自己。你血液中的每一個水分子都是以食物或飲料的形式進入你體內。在此之前，它是雨水；而在那之前，你體內的每一滴水都是地球上每片海洋的一部分；骨骼中的每一個鈣分子都曾是土壤的一部分；你說話或思考的每一個字都是別人教你的。無數人和事塑造你的思想與觀念。深入觀察，你會發現大地、雨水

和無數人都存在於你身上。我們都比跟自己更龐大的萬物深深相連。意識到這點，你就會明白自我疼惜其實一點都不自私。自我疼惜意味著對這些屬於你的元素和部分懷抱慈悲。

Chapter 7

# 從最簡單的小事開始，
# 讓日子越過越輕鬆

自我疼惜不只是關照我們的思想和情感，同時也意味著善待身體。科學家現在已經釐清心理健康和生理健康是緊密相連的。如果心理壓力過大、血壓就會升高，免疫系統會變弱，消化系統也會出現問題，罹患各種疾病的風險就會增加。反之亦然，萬一我們的身體健康失衡，比方說飲食、運動或睡眠不足，也會損害情緒健康。

　　本章會討論關照身體的兩大重要面向：用愛與關懷激勵自己，以及尋找平衡的生活方式。

　　在激勵自己做出健康的選擇時，多一些善意、少一點批評，這種心態絕對能帶來益處。這會是本章的重點。除此之外，有些人也發現，調整飲食、運動或睡眠習慣，同樣能讓情緒得到顯著改善。我會跟大家分享一個個案的實例，他的情緒困擾主要是來自飲食失調。

　　我有一位患有焦慮症的客戶，他的焦慮已經嚴重到影響工作，所以他來向我求助。經過三堂課，我們試了正念、慈悲訓練以及放鬆練習，狀況卻毫無進展。他的焦慮一如既往地強烈。在同事建議下，我詢問他的飲食和生活習慣，才驚訝地發現他每天要喝八大杯咖啡。他從來沒有想過咖啡因可能會影響他的情緒。我建議他慢

慢減少到每天一杯或兩杯，看看是否有幫助。一週後，再次見到他時，他說他的焦慮症狀已經完全消失，對我表示深深的感謝（雖然他因為咖啡因戒斷而頭痛）。

# 批判？友善？凶巴巴？你對自己怎麼說話？

很多人都想做出健康的選擇，但實際上並沒那麼容易。我們一方面知道什麼是健康並且對自己好的，但是又想要滿足當下的渴望，這種矛盾與拉扯時常出現在日常生活中。多數人將「做出健康的選擇」，與「自我批判」、「苛刻的聲音」和「克制的心態」劃上等號。相反的，善良與充滿愛的聲音通常會說：「去吧，多吃點冰淇淋，你今天辛苦了。」

當你撐過辛苦漫長的一天，犒賞自己一下，當然沒有錯。可是問題在於，多數人並不會將告訴我們要鍛鍊身體或吃蔬菜的聲音，想像成是友善、關愛的，這才是問題所在。反之，倡導更健康選擇的聲音聽起來往往是：「我才不管你累不累，你就是要運動，不然會變成

一個……（這裡可以放入各種貶低、侮辱的形容）。」

　　然而，如果我們將內心的兩種訊息，都當成富有慈悲心以及關愛的聲音呢？有一種聲音會說：「你不必永遠都做最健康的選擇，有時候你可以跟著當下的心情和感覺走。」但也可以想像另一個聲音說：「我不希望你是因為害怕不被接受而去運動。運動是因為你知道鍛鍊身體的感覺很棒、能帶給你能量，因為你想要成為那種人。」

## 讓督促你的聲音，變成「溫柔的」督促聲音

　　回想一下最近一段時間，你在飲食、運動或睡眠方面經歷了一些內心衝突。或許某一部分的你主張要短暫享樂，而另一部分則選擇長遠看來更健康的方式。想像當時的自己，感受一下這兩種聲音聽起來如何。

　　主張短期享樂的聲音或許聽起來親切、讓人放鬆。但請注意聆聽另一種鼓勵你做出健康選擇的聲音。它是怎麼跟你對話的？它是在侮辱你、討價還價、還是恐嚇你？寫下它所說的話。

---

_____

_____

_____

_____

_____

_____

_____

_____

_____

　　現在，我們要幫助這個聲音，讓它用更關愛的方式來表達。看看你是否能意識到，自己的這個部分正在受苦，還有它很有可能在害怕些什麼。你能找出這個聲音所恐懼的威脅或風險嗎？請寫下來。

_____

_____

_____

_____

_____

看看你內心的這個聲音在經歷什麼樣的掙扎，努力去理解它只是希望你安全無恙。它的意圖是好的。現在，試著協助你心中的這個聲音，以更關愛的方式，來表達這份由恐懼驅使、想要你做出積極行為的意念。寫下它能使用的詞彙。

_____

_____

_____

_____

_____

_____

_____

_____

_____

_____

你越能理解這個主張健康的聲音，並鼓勵它以善意、溫和的方式與你溝通，你就越容易聽取它的建議並做出有益身心的選擇。

# 打造你的快樂生活提案

　　有些人只要稍微改變生活中的某個面向，就能體驗到旁人無法想像的正面效應，但這些改變對其他人來說可能不會帶來任何差別。舉例來說，有些人在進行無麩質飲食之後（比方說，避免攝取小麥、黑麥和大麥等穀物），身體機能似乎會改善很多；有些人好像需要睡飽9小時，否則一整天都會提不起勁。

　　每個人的身體各不相同，對你來說健康的東西，對我而言可能不健康。這代表我們必須實驗看看，才能了解什麼樣的改變對自己來說是有益的。多數營養和生活習慣研究的缺點是，它們探索的是對每個人都有益的東西。這代表它們可能會忽略一個可能：對多數人有益的飲食或鍛鍊方法，或許對少數人來說會造成反效果。

　　舉例來說，我有一位叫洛塔爾的朋友，他總是睡不好。他的身體似乎很想熬夜、睡到中午才起床。所以他早上都昏昏沉沉的。他四處尋找治療失眠的方法以及更可靠的鬧鐘，但似乎都沒什麼用。不管你現在想到什麼治療失眠的方法，他基本上都試過了。最後，他讀到有些人在晚上對藍光很敏感，這種光會影響主導睡眠的荷

爾蒙。於是，他拆掉家裡所有的全光譜燈泡、換上會發出橙色或紅色光的低藍光燈泡。效果立竿見影。他開始在晚上10點左右覺得睏，而且一大早就起床，這是他以前從未體驗過的。我知道有些人也試過同樣辦法，但都沒有任何效果。重點是，每個人都不同，如果願意嘗試，可能會發現一些改變的契機。

現在，讓我們來看看健康生活方式的四大要素，並思考是否有一些具體的改變能改善你的生活。

## 飲食

關於健康飲食的原則，目前有無數種互相矛盾的觀點。有些觀點是基於傑出的科學研究，有些只是飲食風潮等無根據的說法。我主要探討的是多數飲食專家都達成共識的觀念。

**蔬菜對人體有益**。缺乏維生素有可能導致原本適應良好的人出現心理問題。此外，科學家還發現，許多重要的營養成分並不存在於綜合維他命補充品中。所以，光是服用維他命並不能補充從全食物中獲得的所有營養。所以，增加飲食中的蔬菜量是飲食專家公認的健康

做法。不過，到底該吃多少蔬菜？這個問題沒有非常清楚的答案，但可以確定的是吃太多蔬果的危害並不大。吃的種類越多越好，水果和莓果也是均衡營養的重要來源。

**過多糖、咖啡因或酒精都不好**。有些人在攝取這些物質後身體仍能正常運作，但多數人都會因為過量攝取糖、咖啡因或酒精，而出現身體狀況。大家可以考慮在幾週內完全戒掉這些物質，並留意在這段時間結束後，身體是否感覺好些（萬一你真的過量攝取這些物質，恐怕需要循序漸進戒掉，不然會有頭痛或其他排毒症候群）。如果完全戒斷的想法太嚇人，這可能代表你正在靠某種物質來應對情緒。若是這樣，我建議你可以慢慢戒掉這些物質，同時練習自我疼惜。

**你有食物過敏或敏感嗎**？乳製品、麩質食品、雞蛋、堅果和大豆等食物都有可能造成食物過敏。有些人能自在攝取這些食物，有些人則不行。如果要判斷自己是否對特定食物過敏，最常見的方法是飲食排除法，也就是從飲食中剔除疑似會引發過敏的食物，然後在幾週內慢慢重新攝取這些食物。除非你對營養學非常了解，否則在此期間，最好接受專業醫療人員的建議與指導。

## 運動

在治療憂鬱症方面，運動與抗憂鬱藥物一樣有效。[1]
不過，開始運動前，最安全的做法同樣是諮詢醫生。

**你是否長時間坐著**？俗話說「久坐就跟抽菸一樣傷
身」。科學研究顯示，長時間坐在電腦前面，對身體與
情緒健康都會造成負面影響。可以試著每隔1、2小時
休息一下、起來走動走動。如果可以，也能嘗試使用站
立式辦公桌。

**什麼樣的運動能帶給你好心情**？有些人喜歡有氧運
動帶來的「跑者快感」，有些人則喜歡打籃球或其他團
隊運動。無論是飛輪還是重訓，大家都能試著找到自己
**真正喜歡**的運動，並將體能訓練固定排在自己的日常生
活行程中。這或許能讓你每天的心情大幅好轉。

## 睡眠

美國疾病管制與預防中心（Centers for Disease Con-
trol and Prevention）指出，超過三成的美國成年人長期
睡眠不足。這會增加我們出現各種身心健康問題的風

險。就我個人而言，當我心情不好，又不曉得自己為什麼這麼煩躁的時候，通常會去小睡一下，然後感覺就會好很多。

**試著連續一週每天睡8小時。**有些人需要睡超過8小時，有些人少睡一點也沒關係。疾病管制與預防中心建議成年人每晚睡眠時間不得少於7小時。試著連續7天讓自己多睡一點，看看你的感覺是否會改善。

**你有睡眠障礙嗎？**諮詢醫生後，你可以試試看在早上服用一定劑量的維生素D，在睡前練習自我疼惜，並讓臥室的溫度更涼爽（根據許多睡眠研究人員的發現，臥室溫度應該在攝氏18至19度左右或以下），以及在白天到戶外運動。你可以試著在睡前1小時關閉所有電子設備和螢幕。試試這些建議，看是否會有幫助。


## 連結感

感覺與他人或比自己更偉大的事物有所連結，這是幸福感的重要來源。

**嘗試志工服務。**很多人都發現，「提供服務」是一種能感覺與他人建立連結的好方法。許多研究也顯示，

志工服務在減輕憂鬱方面的效果並不亞於治療或藥物。你所感受到的感激之情，以及有能力對他人生活帶來正面影響的感覺，都是快樂的來源。可以考慮幫當地收容所或動保協會遛狗、擔任送餐志工、到安養中心照顧年長住民，或是到任何你有興趣的組織提供志工服務。

**試著花點時間到大自然**。許多研究和調查顯示，花時間沉浸在大自然中，有助於情緒健康。在這些研究中有一些可測量的因素，比方說曬太陽、較佳的空氣品質、運動等等。不過，花時間親切大自然的影響可能更深層，這會讓人有跟宇宙萬物連為一體的感受。

Chapter 8

# 為關係，
# 注入更多美好和幸福

自我疼惜練習能協助我們意識到自己人性中的美好。一旦能做到這一點，就能在其他人身上看到同樣的美，進而更容易對他們產生關愛。這樣，自我疼惜就能讓我們對每個人懷抱慈悲，強化人際關係，協助我們調解並解決問題。本章主要介紹，如何用自我疼惜練習，來改善生活中的各種關係。

## 「批評」與「要求」，是有毒的

提出「非暴力溝通」的馬歇爾‧盧森堡（Marshall Rosenberg）認為，**批評其實是在傳達需求，但這是一種錯誤、悲慘的表達方式**。換言之，人們內心有未被滿足的需求，但我們的方法不是告訴別人自身需求，以及他們能做些什麼來幫助我們，而是出言批評。這往往是因為我們沒有明確地去反思自己的需求或痛苦。反之，我們在評價他人，並去指責他們的缺失或過錯。他將這種思維定義為「悲慘」，因為在我們批評他人的同時，就更不可能得到能讓我們感覺更好的對待。比方說，讓他人理解我們，或以某種方式來幫助我們。

盧森堡還表示，每一種要求都是悲慘的請求。要求之所以悲慘，是因為我們都希望別人能支持自己，或者單純出於個人意願來替我們做事，但當我們提出要求，這種希望就更不可能達成。如果我想要妻子聽我訴說一整天的辛勞，我真正想要的是她能心甘情願聽我分享。我希望她能用享受的心態，去做這種讓我開心的事。但要是我提出要求，她唯一的選擇就是被迫聽我說，或者拒絕。我希望得到的反應就不可能出現。

　　在一段關係中，幾乎每次的衝突與摩擦都帶有批評或要求。我們不必為自己的批評或要求習慣感到羞愧。這些都是我們內在痛苦的表現，它們需要的是慈悲而非憎恨。幸好，我們通常能透過深刻的理解與關愛，來去除這些關係毒藥。

## 治癒人我關係，從「你」開始

　　選擇一段你一直在經歷衝突的關係，我們能探討你是否可以做一些不同的事情，來得到正向的改變。首先，承認你對對方懷有某種批評或要求，但這**不代表你**

必須為衝突負全責。這項練習並不是要歸咎責任，而是探討你是否能讓狀況改善。

（注意，如果你在判斷是否要結束一段關係，那這項練習並不適合。反之，這項練習是在你確定想讓關係改善時才適用。）

一旦你確定想繼續這段關係，首先要做的，是**徹底放下**判斷衝突是因誰而起的意圖。我們只會去探討衝突中屬於、來自於你的部分，並嘗試去改變它。

## Step 1：找出自己的批評和要求

想像一下對方的模樣，清楚勾勒他們的樣貌，你是否注意到自己有身體緊繃、激動或其他形式的痛苦出現？如果有，問問自己你是否希望對方在某些方面有所不同，或採取不一樣的行為模式？你是否希望他們更親切、更善解人意，或者希望他們能做一些你一直在要求的事？如果你發現自己有**任何**希望對方能有不同表現的意念，那你內心很有可能存有批評或要求。

反思一下你的批評或要求可能是什麼。批評就是一種對他者的評價。他們在某方面沒有達到你的要求，你

認為他們應該改變。那你的批評是什麼？

要求代表你強烈希望對方以特定方法行事，或以不同方式來做事。那你的要求是什麼？

再次強調，如果你發現自己確實有批評或要求，請不要難過。有這種感覺沒有錯，也不代表你要為衝突負起全責。但是，如果能找出批評或要求的根源，解決衝突就會容易許多。

## Step 2：辨識並治癒痛苦根源

每一個批評或要求，都是來自未被滿足的需求或情感痛苦。你能辨識出促使你批評或要求的內在痛苦嗎？你可能因為過去失去的東西感到悲傷，或害怕被拒絕；你可能非常渴望被理解，但又擔心無法實現。如果是這樣，請關注自己的痛苦，並用第五章的練習方法，用關愛之心去擁抱它。讓自己從身體感受來覺察痛苦，但**不要被內心的敘事所牽引**。然後將愛與慈悲的能量導向自己，直指內心痛苦的部分。繼續練習自我疼惜，直到你感覺更加平靜。

現在，在你充滿自我疼惜的同時，再次想像對方的

形象。當你穩穩感受著自我疼惜的同時，你對衝突的看法起了什麼變化？你的批評和要求出現什麼轉變？根據我的經驗，當沉浸在自我疼惜中，就更有辦法表達自己的需求並傾聽他人。

## 看見自己的美好，看到他人的美好

我認為慈愛的本質在於，看見自己與他人的美好。要對自己產生關愛之心，不妨先從深入觀察開始，洞察自己的需求、感受、思想和行為當中的美。當我們對此進行反思，就會發現自己所想、所感以及所做的一切，都是在當下為了創造幸福或擺脫痛苦，所盡的最大努力。

這裡我想藉一則故事，來說明如何挖掘出對每一個人的愛與關懷，以及他們身上的美。幾年前，我的案主詹姆斯，他和一位名叫凡尼莎的女人有婚外情。他意識到這段婚外情正在破壞他的婚姻，於是決定斬斷這段關係。他對凡尼莎說自己想停止交往時，她威脅說如果這樣她就要自殺。他認為她只是想操縱他，所以還是決定

分手。結束戀情的隔天，詹姆斯接到電話說，凡尼莎在他離開她家的一個小時後自殺了。

聽到這個惡耗，詹姆斯既羞愧又懊悔。他意識到自己的行為傷害了妻子，更為凡尼莎的死自責不已。他想要跟我談談這些事。

坦白說，第一次聽到他的故事時，我也有一種責怪他的衝動。但是幸好我多年來一直在練習自我疼惜，所以當我留意到胸口和臉部的緊繃時，就開始專注呼吸（如「練習2：自我接納」中所介紹）。我讓自己去感受身體內的所有感覺，並向自己表達愛與關懷。幾次呼吸之後，我發現自己內心有股深刻的悲傷。

我想到凡尼莎的死，我希望自己能幫助她。我看到詹姆斯臉上深沉的絕望，我深刻希望自己能阻止這場悲劇發生。對於已經發生的一切，我心中有一部分感到悲痛欲絕，而這個部分非常需要慈悲。

詹姆斯哭泣時，我允許自己感受內心的所有悲傷，因為我知道，如果我企圖忽略自己的反應、將注意力集中在他身上，我就沒辦法那麼專注當下，但我知道他很需要我全神投入。我默默對自己說：「在這個世界上，每天都有這樣的悲劇發生，你無法阻止這些悲劇。我知

道如果可以，你會去阻止，但這是不可能的。」我看得出來自己內心深處感到極度痛苦的部分，正是想要幫助別人的那部分。在詹姆斯的故事中，有太多痛苦與失落，而我的那一部分正努力接受他的故事。

我對自己的這個部分表達同理，默默說：「我知道你只想幫助別人，但你害怕自己做不了任何事、無法改變這種情況。你覺得很無力。」這正是我需要聽到的。我需要意識到，內心的厭惡是來自於幫助他人的渴望，我必須接受自己恐怕無力改變狀況的事實。我所經歷的是人類普遍面對的境況：我想幫助別人，但不知該怎麼做。當我意識到這點，我告訴自己：「你想幫忙，但不知道怎麼幫。大家時不時都會有這種感覺。」這句話釋放出一股自我疼惜的洪流，之後我就能放下自己對詹姆斯的批判，更理性清明地去看待他。

我看著詹姆斯，看到他滿臉的悔恨。然後，我重複對自己說：「你想幫忙，但不知道怎麼幫。」不知怎麼，這項體認讓我對詹姆斯產生一股強烈的溫暖感受。「我想幫他，但不知道該怎麼做。」這份體認讓我能完全面對他和我的處境與情緒。

現在，我看著他，眼裡看見的是一位極度孤獨的

人，他從未想過要傷害任何人。他迷失了，不知道該怎麼辦。**我們都不知道該怎麼辦**，而這種感覺像是我們之間的強大連結。我們都是不完美的人，想挽回已發生的一切，但我們做不到。

藉由自我疼惜練習，我對詹姆斯和悲劇事件的抗拒心態全然消失。我可以坦然面對這一切，這讓我能更深刻看待詹姆斯。我看到他的掙扎以及對幸福快樂的迫切追求，這也是他所有決定的動機。他將凡尼莎當成擺脫痛苦的出路，但婚外情並沒有幫到他。然後，他又離開凡尼莎、回到婚姻中，這也是出於同樣原因。整段過程中，他一直是個悲傷、孤獨、迷茫的人，一直在尋找能帶給他幸福的東西。雖然你我可能沒有犯過詹姆斯那樣的錯誤，但我們也有屬於自己的錯誤，並且是出於類似原因。

如果我們記得每個人都在受苦掙扎、都想獲得幸福，但往往不曉得如何得到幸福，就能看見彼此共有的深刻人性。我們都不是完美的，但都以自己的方式追尋幸福。只要能夠體察人類境況中這個部分所蘊含的美好，我們就有可能對任何人產生慈悲心。

# 你能給予世界的最棒贈禮

2005年，我住在一行禪師位於法國南部的梅村正念修習中心，他在那裡發表過一場關於香蕉樹的演說。有位學生詢問他關於生命的意義，回答問題時，他描述了多年前在越南叢林中冥想時的深刻感悟。

他說，當時他坐在一棵年幼的香蕉樹底下，內心想著香蕉樹的葉子。那棵樹只有三片葉子，其中一片已經完全長成，又寬又平，呈深綠色。第二片葉子仍有一部分捲曲在第一片葉子底下，第三片葉子色澤淺綠幼嫩，才剛剛展開而已。深入觀察，他發現最成熟的那片葉子正在充分享受身為一片葉子的生命。它吸收陽光雨露，散發美麗與祥和。不過，它並沒有為了追求自己的快樂而拋下其他葉子。其實，它在滋養自己、沐浴陽光的同時，也滋養著較年輕的葉子、香蕉樹和整座叢林。他接著說，人類就像這片葉子。當我們用平和與慈悲來滋養自己，同時也是在協助其他生物得到幸福與快樂。

讓我們花點時間來思考這個畫面。將自己想像成這片美麗、完全生長的香蕉葉。去意識到雖然你獨一無二，但同時也跟這棵樹的其他部分與整座叢林緊密相

連。你越是用寧靜與自我關愛的陽光來滋養自己，這些能量就越能支持與你相連的每一個人事物。當你越來越清楚意識到自己和萬物的連結，你就會明白，你能給予世界最棒的禮物，就是你自己的寧靜與幸福快樂。

你可以在這邊寫下個人反思、引言、點子，以及任何你想紀錄的事情。

# 第 15 天之後

以下能讓你紀錄第14天之後的訓練情形與實踐筆記。

記住：每次練習都要從「練習1：自我疼惜身體掃描」開始，再依照「自我疼惜路線圖」，找到最適合自己的練習。然後，用〈練習日記〉紀錄訓練的日期、時間長度、採用的方法，以及對你的啟發。如果可以，盡量每天挪出30分鐘來練習。

| 第＿＿天（如果有在計算的話） | 日期 | 練習時長（分鐘） | 採用的練習（1-8） | 筆記 |
|---|---|---|---|---|
| | | | | |

| 第＿＿天<br>（如果有在<br>計算的話） | 日期 | 練習時長<br>（分鐘） | 採用的練習<br>（1-8） | 筆記 |
|---|---|---|---|---|
| | | | | |
| | | | | |
| | | | | |
| | | | | |
| | | | | |

| 第___天<br>（如果有在<br>計算的話） | 日期 | 練習時長<br>（分鐘） | 採用的練習<br>（1-8） | 筆記 |
|---|---|---|---|---|
|  |  |  |  |  |
|  |  |  |  |  |
|  |  |  |  |  |
|  |  |  |  |  |
|  |  |  |  |  |

| 第＿＿天<br>（如果有在<br>計算的話） | 日期 | 練習時長<br>（分鐘） | 採用的練習<br>（1-8） | 筆記 |
|---|---|---|---|---|
|  |  |  |  |  |
|  |  |  |  |  |
|  |  |  |  |  |
|  |  |  |  |  |
|  |  |  |  |  |

# 致謝

我從一行禪師、梅村正念修習中心的僧侶和比丘尼，以及有幸遇到的其他精神導師身上，學到如何在自己和他人身上轉化痛苦、培養喜悅。我對他們感激不盡。

我也非常感謝良師益友給我的支持和鼓勵，尤其是喬安‧弗萊迪（Joanne Friday）、克里斯多弗‧葛摩、理查‧戴維森、迪克‧施瓦茨（Dick Schwartz）、塔拉‧布萊克和賴瑞‧柏楊（Larry Boyang）等人的扶持。

這本練習手冊得以出版，W.W. Norton的所有人員都幫了許多忙。非常感謝你們給予這本書的指引和信念。非常感謝班‧亞林（Ben Yarling）和查克‧米勒（Chuck Millar）優秀的編輯作業。感謝我的妻子安妮（Annie）與兒子芬尼根（Finnegan），你們是世界上愛的靈感和泉源。

# 注釋

## 前言　最深層的平靜，是自己能疼愛自己

1. 針對這份研究的詳細資料請見：www.mindful.org/how-to-train-the-compassionate-brain/，或者閱讀原始研究報告：Weng, H. Y., Fox, A. S., Shackman, A. J., Stodola, D. E., Caldwell, J. Z., Olson, M. C., . . . Davidson, R. J. (2013)。自我疼惜訓練催化了利他行為以及改變了對痛苦的神經反應。*Psychological Science*, 24(7), 1171–1180.

## Chapter 2　自我疼惜時，大腦發生什麼事？

1. 更多資訊請見：Panksepp, J., & Biven, L. (2012). The archaeology of mind: *Neuroevolutionary origins of human emotions*. New York, NY: Norton.

2. 更多資訊請見：Davidson, R. J. Neuroplasticity: Transforming the mind by changing the brain. *In Mind and Life*

*Conference XII: Neuroplasticity: The Neuronal Substrates of Learning and Transformation, October* (pp. 18–22).

3. 同上。

4. Panksepp, J., & Biven, L. (2012). *The archaeology of mind: Neuro-evolutionary origins of human emotions.* New York, NY: Norton.

5. 同上。

6. Weng, H. Y., Fox, A. S., Shackman, A. J., Stodola, D. E., Caldwell, J. Z., Olson, M. C., . . . Davidson, R. J. (2013). Compassion training alters altruism and neural responses to suffering. *Psychological Science*, 24(7), 1171–1180.

7. Lutz, A., Greischar, L. L., Rawlings, N. B., Ricard, M., & Davidson, R. J. (2004). Long-term meditators self-induce high-amplitude gamma synchrony during mental practice. *Proceedings of the National academy of Sciences of the United States of America*, 101(46), 16369–16373.

8. 同上。

## Chapter 3　即使不夠完美，仍要珍惜這樣的自己

1. Breines, J. G., & Chen, S. (2012). Self-compassion

increases self-improvement motivation. *Personality and Social Psychology Bulletin*, 38(9), 1133–1143.

2. 同上。

3. 同上。

## Chapter 6　一步步練習，平靜寧和就在每一刻

1. Hạnh, N. (1990). Present moment, wonderful moment: Mindfulness verses for daily living (p. 3). Berkeley, CA: Parallax Press.

## Chapter 7　從最簡單的小事開始，讓日子越過越輕鬆

1. 請見：*Understanding Depression: A Harvard Medical School Special Health Report* (2013).

# 平靜寧和就在每一刻

The Self-Compassion Skills Workbook: A 14-Day Plan to Transform
Your Relationship with Yourself

作　　者　　提姆・德斯蒙德（Tim Desmond）
譯　　者　　溫澤元
主　　編　　呂佳昀

總 編 輯　　李映慧
執 行 長　　陳旭華（steve@bookrep.com.tw）

出　　版　　大牌出版 / 遠足文化事業股份有限公司
發　　行　　遠足文化事業股份有限公司（讀書共和國出版集團）
地　　址　　23141 新北市新店區民權路 108-2 號 9 樓
電　　話　　+886-2-2218-1417
郵撥帳號　　19504465 遠足文化事業股份有限公司

封面設計　　朱疋
排　　版　　新鑫電腦排版工作室
印　　製　　博創印藝文化事業有限公司
法律顧問　　華洋法律事務所　蘇文生律師

定　　價　　380 元
初　　版　　2024 年 10 月

電子書 E-ISBN
9786267491850（EPUB）
9786267491843（PDF）

國家圖書館出版品預行編目資料

平靜寧和就在每一刻 / 提姆・德斯蒙德（Tim Desmond）著 ; 溫澤元 譯 .
-- 初版 . -- 新北市 : 大牌出版，遠足文化發行，2024.10
224 面 ; 14.8×21 公分
譯自 : The self-compassion skills workbook : a 14-day plan to transform your
relationship with yourself.
ISBN 978-626-7491-96-6（平裝）
1. CST: 靈修